励志成才小书系
LIZHICHENGCAI XIAOSHUXI

我是小小运动家

陈大为 ◎ 编著

天津出版传媒集团
天津科学技术出版社

图书在版编目（CIP）数据

我是小小运动家 / 陈大为编著. — 天津:

天津科学技术出版社，2012.4（2021.6重印）

（励志成才小书系）

ISBN 978-7-5308-6904-8

Ⅰ. ①我… Ⅱ. ①陈… Ⅲ. ①健身运动—少儿读物

Ⅳ. ①G883-49

中国版本图书馆CIP数据核字（2012）第062391号

励志成才小书系——我是小小运动家

LIZHI CHENGCAI XIAO SHUXI —— WOSHI XIAOXIAO YUNDONGJIA

责任编辑：杜宇琪

责任印制：刘　彤

出　　版：天津出版传媒集团
　　　　　天津科学技术出版社

地　　址：天津市西康路35号

邮　　编：300051

电　　话：（022）23332399

网　　址：www.tjkjcbs.com.cn

发　　行：新华书店经销

印　　刷：永清县晔盛亚胶印有限公司

开本 690×940　1/16　印张 7　字数 100 000

2021年6月第1版第5次印刷

定价：24.50元

前 言

随着社会竞争越来越激烈，很多孩子在课余被送入了各种各样的文化补习班，而仅剩下的一点休闲时间也常常与电视、电脑为伴。有研究表明，现在很多孩子都存在运动不足的问题，这可能影响到他们的身体发育，甚至对心理发育、行为方式以及学习能力等都产生不利影响。

孩子的饮食营养和智力开发常常是父母们最重视的，其实，运动能带给孩子更多的东西。让孩子经常到户外去，在新鲜的空气和温暖的阳光中跑一跑、跳一跳，不仅能活跃孩子的新陈代谢系统、增强身体素质，还能让孩子有机会接触更多的人，孩子们一起运动也让他们学会了合作意识。

运动不仅能给孩子带来快乐、自信和合作精神，还能增强孩子的体质及抗病、抗压能力。运动可以帮助孩子减去脂肪、锻炼骨骼和肌肉，提高身体的协调性，孩子积极进行身体锻炼，会为他们拥有健康的身体打下良好基础。

重视孩子智力发展的家长更应该常把孩

子带到户外去，因为运动也影响大脑发育。运动促进了孩子的血液循环，脑细胞可以得到更多的氧气和营养物质的供应，使代谢速度加快，大脑的活动也会越来越灵敏。再加上锻炼时肢体动作的千变万化，也会促使大脑的各个部位快速地做出相应的机能反应，就好像在为大脑神经做“健脑操”。每天进行适当的户外活动，还能帮助孩子提高睡眠质量，增强记忆力。

很多家长让孩子参加了舞蹈班、游泳班，以为这样就是进行了体育锻炼，然而对孩子来说，运动的目的并不是成为职业选手，掌握任何特殊的运动技巧一点也不重要，重要的是他们有机会享受运动带来的乐趣，让他们愿意主动参与。如果不顾孩子的兴趣和感受，只是为了培养特长而参加兴趣班，并不能算是真正意义的运动。

这本《我是小小运动家》从运动游戏、户外运动、学校运动、家庭运动四个方面入手，指导孩子学会在游戏、户外、学校以及家庭中的运动技能和运动规则，感受运动中的乐趣。本书能够帮助孩子从体育运动中，体验快乐和成长，锻炼出强壮的身体，进而培养孩子自信、坚强、积极向上的人生态度。

编者

致亲爱的爸爸、妈妈和小朋友：

生活是一条很漫长的路，每个人在这条道路上，都要不断地学习才能有所成长和收获。在这本书中，你想收获的是什么呢？你对自己的期望又是什么？现在，请爸爸妈妈和小朋友，把心里想说的话和自己的小愿望，一起写下来吧！

爸爸、妈妈想说的话和愿望

小朋友想说的话和愿望

我想成为一名小小运动家。

你是不是也一样呢？

嗯，我也想成为一名小小运动家！

本书将帮助你

我可以自己背书包，安全地上下楼梯。

我知道了排队和集体运动。

我养成了坚持做操，保护眼睛的习惯。

我学会了跳山羊，翻跟头。

我可以自己提水桶，做家务。

我能够整理好自己的书籍和被褥。

我知道怎么在不同的环境下走路。

我懂得了放风筝和骑自行车的乐趣。

我体验了在水中做游戏的感觉。

我学会同小朋友一起玩捉迷藏和寻宝游戏。

小朋友，准备好了吗？

快来，让我们一起翻开书页吧！

目　录

contents

学校内的运动

家庭内的运动

1 捉迷藏

建 议

小朋友们一定都玩过捉迷藏吧？由于这种游戏非常简单、方便，既可以在家里玩，又可以在屋外玩，既可以两个人玩，又可以几个人同时玩，而且玩起来非常刺激、有趣，所以赢得了很多小朋友的喜爱。捉迷藏的规则很简单，就是一个人“捉”，另一个人或几个人“藏”，“捉”的捉住了“藏”的，“捉”的人就胜利了。然后互换角色，继续玩。这个游戏虽然简单，但藏身之地除了隐蔽，还一定要安全，不可藏到很远的地方。

1. 玩法一

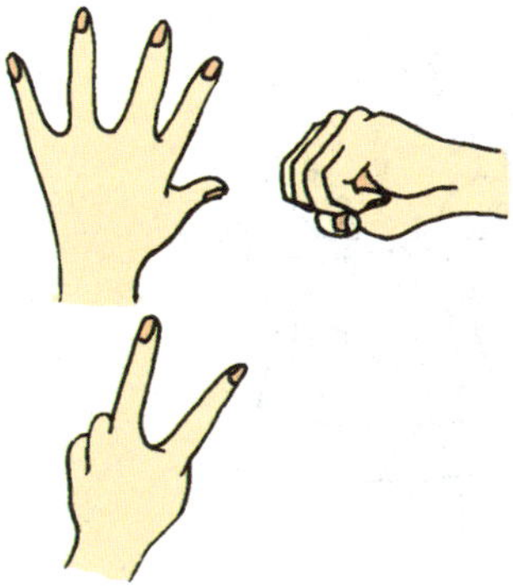

用石头、剪子、布决定由谁来捉人

用布蒙上眼睛

其他小朋友不能出了这个圈，尽量不让捉到。当那位小朋友走出圈时，要提醒他

捉到人后，要猜出他是谁。如果猜中了，由被捉住的小朋友蒙上眼睛；若没猜中，则继续摸

2. 玩法二

先确定由谁最先捉人

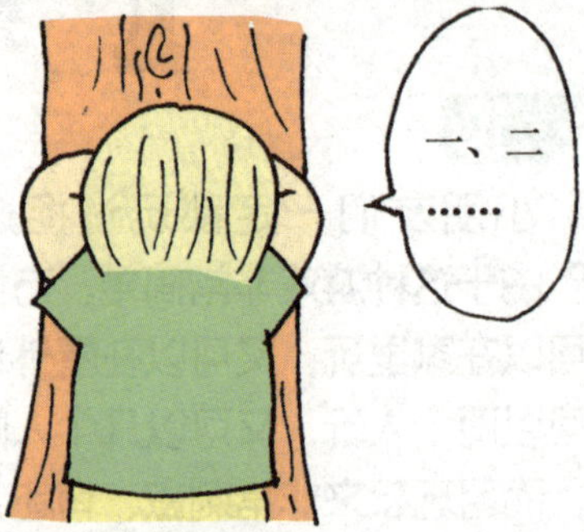

一般会数到30

其他小朋友在他数数时，迅速藏起来

到处寻找那些藏起来的小朋友

找到一名小朋友后，其他小朋友就会出来，再由被捉的小朋友代替蒙上眼睛的小朋友继续做捉迷藏游戏

提 示

捉迷藏的玩法有很多，但基本的玩法有两种。一种是一位小朋友用布蒙上眼睛，其他小朋友就在那人的身前身后不远处躲闪，如果被捉到，蒙眼睛的小朋友还要猜出被捉的人是谁。如果猜对就换过来捉，如果猜不对还要继续捉。另一种是一个人背过身去，其他人在他数数的时间内藏起来，捉的人找到一个人后，就换过来捉。

2 跳房子（一）

建议

跳房子又叫踢沙包，是我国的一项民族传统游戏和民间运动。它简单易行，趣味性强，受到了几代人的喜爱，成为他们脑海里挥之不去的美好的童年记忆。它需要具有一定支撑能力和平衡能力，能够锻炼小朋友的耐力和平衡感。它要求把沙包准确地踢进下一个格子里，锻炼他们的观察力和注意力，以及控制自己身体的能力。

1. 准备材料

材料很简单

2. 基本动作

必须用单脚站立，并用站立的脚将沙包踢进规定的格子里

3. 六格房的玩法

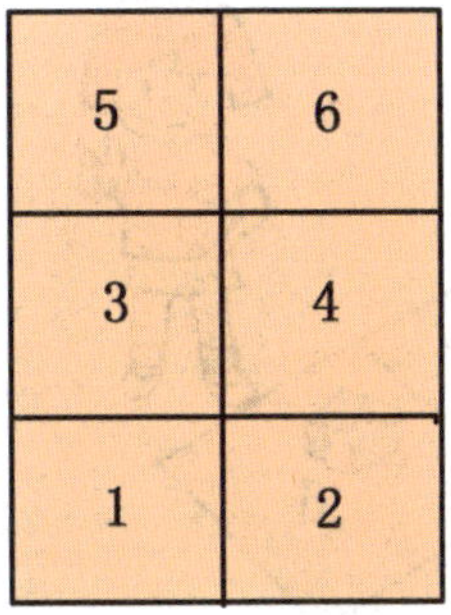

在地面上用彩色粉笔画个六格房，并标明顺序

把沙包放在第一格

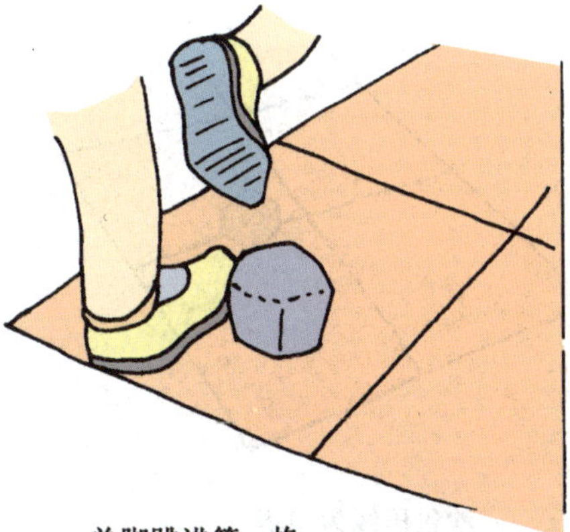

单脚跳进第一格

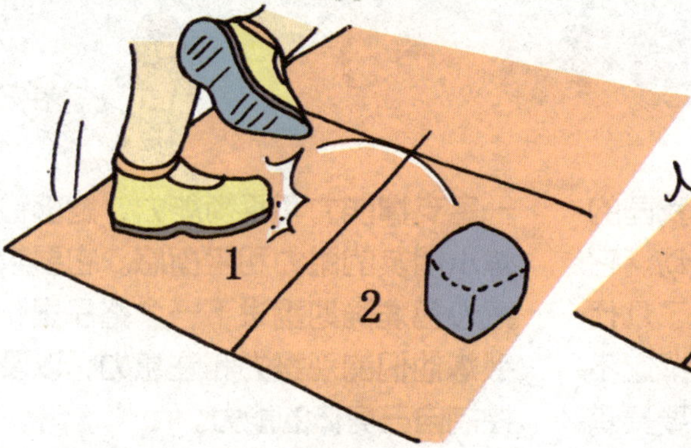

用站立的脚把沙包踢进第二格

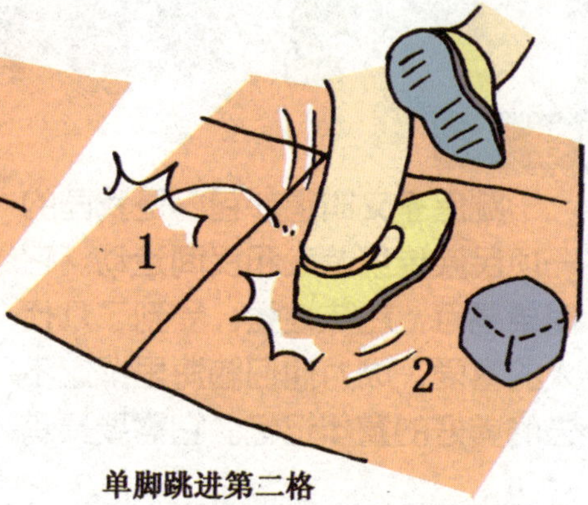

单脚跳进第二格

4. 图中错误的做法

跳完的人为胜利者

双脚着地为犯规

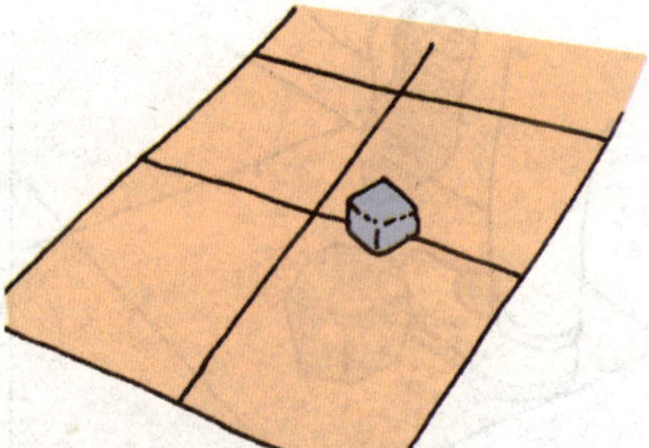

沙包压线为犯规

提　示

跳房子不止本书中介绍的这几种玩法。小朋友可以开动脑筋，画出新的房子来跳，也可以制定新的规则，和小伙伴一起遵守。这样，小朋友就在创新传统的游戏了。总之，无忧无虑的童年，就是要小朋友们想怎么玩就怎么玩，在欢天喜地的蹦蹦跳跳中快乐成长。

3 跳房子（二）

建议

年龄尚小的孩子可能不会画圆圈房和蜗牛房，家长可以帮孩子画或者教他们怎样画。家长也可以和孩子一起玩，陪孩子度过一段快乐的时光。家长在沟通亲子感情的同时，通过游戏再重温曾经的童年乐趣。在最后的蜗牛房里用脚夹起沙包把沙包甩起，并从身后接住，这一夹一跳一甩，难度比较大，小朋友可以单独练习，直到掌握动作要领。

1. 圆圈房的玩法

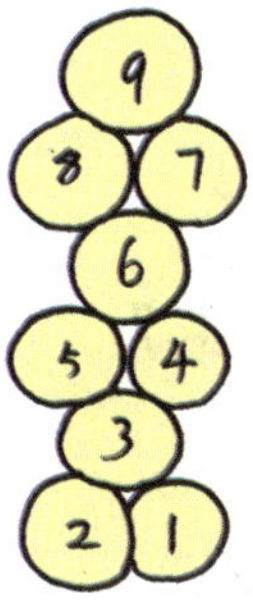

在地上画九个圆圈，每个圆圈标上序号

把沙包放进①，单脚跳进①，把沙包踢进②，单脚跳进②，把沙包踢进③……直到把沙包踢进⑨

在⑧内转跳180度，双脚着地背对着⑨

用手从背后捡起沙包，不准用眼睛看

手拿沙包，单脚跳进⑥，再双脚跳进④和⑤，单脚跳进③，双脚跳进①和②，最后跳出圆圈房外

2. 蜗牛房的玩法

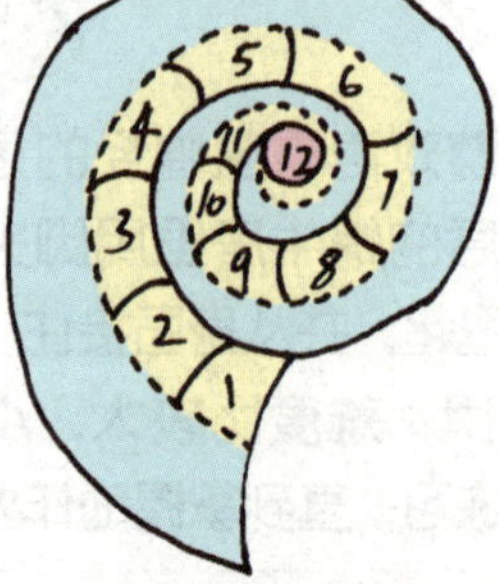

在地上画蜗牛房，
每个房子标上序号

单脚跳进单号房，双脚跳进双号房，直到把沙包踢进12号房

在12号房内双脚夹住沙包，跳起将沙包从身后甩起来，再用手接住

单脚双脚交替，依次跳出房外

不要一直使用同一侧腿，注意换腿，避免一侧过度用力

提 示

单脚站立和跳跃，并把沙包准确地踢到指定的位置，需要掌握好用力的大小。玩任何游戏都要掌握适度的原则。由于遗传和习惯的缘故，大多小朋友都喜欢用右脚跳跃，但如果长时间使用右脚，会使右侧的身体过度用力，身体得不到均衡的锻炼和发展。所以，家长要及时指导孩子注意换脚跳跃。

4 爬山

建议

爬上山顶极目远眺，能够使人心旷神怡。小朋友，你体会过登高望远，那种极大的自豪感和成就感吗？如果没有，那就和爸爸、妈妈一起到山里，去征服那些大山吧！

大山远离都市的喧嚣和大气的污染，空气非常清新，所以爬山是一项有利于身心的健身运动。小朋友爬山的时候，由于体力不够，要注意量力而行，并注意运用正确的攀登姿势。

1. 爬山的装备

爬山前整理好装备

2. 和大人一起爬山

小朋友爬山要有大人陪同

3. 上山坡

爬山时，要用脚后跟用劲，脚尖略外撇

每次迈步换腿时，都要将支撑腿伸直，一步一停顿

较平的山坡，全脚掌着地

较陡的山坡，要手脚并用向上爬

用手压在大腿上部助力

4. 下山坡

拄棍变成“三条腿”，比两条腿更稳

下陡坡要侧身走，重心略靠后，稳住一只脚再移动另一只脚

可以坐着走，用屁股蹭着走，两手撑地

5. 图中错误的做法

注意保护环境，不乱扔垃圾

提　示

小朋友爬山的时候要有大人陪同。在途中，一定要沿着大路前进，不可以到路边和崖边打闹嬉戏或向下看。下山的时候更要注意安全，如果感到双腿发软，一定要对大人说，或者坐下来休息一会儿再走。在山里要注意保护环境，生活垃圾要带走或妥善处理。

5 跳长绳

建 议

跳长绳是大家一起玩的活动，家长可以陪孩子一起跳，小朋友也可以在学校里和小伙伴一起跳。小朋友们一起跳长绳可以培养小朋友的团体意识和合作意识。

多人跳长绳也有很多玩法，但各种玩法都要求大家有默契，同心协力。进入绳中要有准确的判断力，还要有一定的胆量，不要怕被绳子打住。如果抓不住节奏，可以请旁边的人在该跳入时提醒你，跳绳时可拉着同伴的手。

1. 跳长绳

两人摇绳，一人跳绳

2. 进入长绳

看准进入的时机：当长绳打到地面上又摇起后，果断跑入

3. 出长绳

看清跑出的时机：当长绳摇起后果断地跑出

4. 跳的方法

绳子的中央最好跳

5. 多人一起跳

每人跳十下，轮换着跳，跳坏的人下来摇绳

大家节奏要相同

6. 左右摇长绳

左右摇绳子力量要轻

7. 长绳短绳一起跳

两条绳子需要有同样的节奏

8. 图中错误的做法

摇绳的人不要摇得太快，大家的节奏要协调

提　示

摇绳人和跳绳人要密切配合，掌握相同的节奏，才可以跳得时间长。要掌握好进入绳中的时机，即长绳打到地面刚被摇起后，果断地跑进去，这样就不会被绳子打住。

跳绳要求很强的节奏感，小朋友们可以边跳边听音乐或是唱歌，配合着节奏跳更能为游戏增添乐趣。

6 跳皮筋

建 议

小女孩在两条皮筋上灵巧地跳来跳去，有时，嘴里还不断唱出有节奏的歌曲，使观看的人感觉是在看小天使跳舞。跳皮筋是很久以前流传下来的游戏，受到了很多年代小女孩们的喜爱。这项游戏在摇绳、跳跃、转身、单脚跳等运动中，运用了身体的每个部位，使全身的器官都得到了锻炼。所以说，这是一项对身心发展都有益的运动。

1. 皮筋的位置

脚踝处为一级

游戏前商量好每一级的标准，到六级和六级以上时，要用手撑着皮筋，不要让皮筋伤到身体

2. 腰部以下的跳法

单脚或双脚都可以跳

3. 到腰部的跳法

助跑后，一只脚先跳过皮筋，另一只脚要抬高才能跳过

4. 到腰部以上的跳法

一只脚先钩住皮筋，压到可以跳过的位置

把皮筋压低后，身体向后转，便能跳过去

5. 两人同时跳

有些花式跳法可以两人同时玩

第一个人先跳，第二个人跟着跳一样的动作

6. 图中错误的做法

如果撑皮筋的两人身高不同，要提前商量好，按哪个人的身高标准。必须使皮筋保持水平

提　示

几个小朋友同时玩时，由猜拳决定出两位撑皮筋者。其他的人在皮筋上要按要求跳跃，如果顺利通过的话，皮筋就节节升高，直到跳错或跳不过去为止。

跳皮筋之前，要先看看地上有没有玻璃、石头等杂物，一定要使场地平整干净再开始玩。另外，皮筋的弹力很大，撑皮筋的人一定要拉紧，不要让皮筋弹到自己。

7 老鹰捉小鸡

建议

老鹰捉小鸡是一项集体游戏，先选出两位小朋友当“老鹰”和“鸡妈妈”，其他的小朋友做“小鸡”。游戏开始后，凶狠的“老鹰”向“小鸡”们扑过去，“鸡妈妈”马上张开翅膀保护“小鸡”们。“老鹰”飞快地飞到哪个方向，“鸡妈妈”就跑到哪个方向。如果狡猾的“老鹰”突然改变方向，就会抓到一只离群的“小鸡”。这项游戏训练了小朋友们快走和躲闪的能力，还培养了小朋友们团结友爱、齐心协力、相互合作的能力。

1. 准备活动

应该在平坦空旷的地方玩游戏

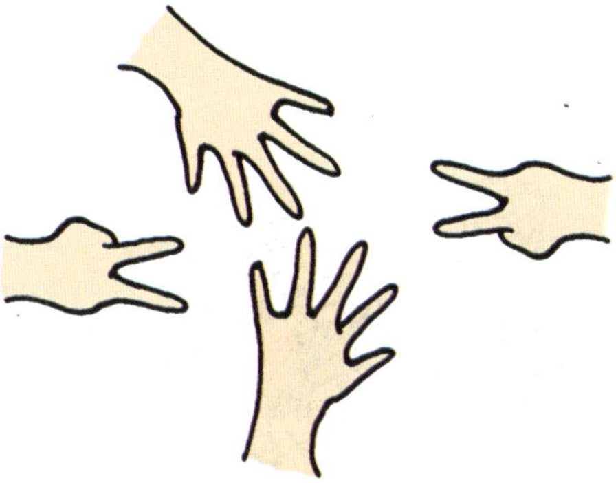

游戏前先决定谁扮老鹰

站在最前面的一位是“鸡妈妈”

“老鹰”与“鸡妈妈”相对而站

2. 玩游戏

“老鹰”要想办法抓住后面的“小鸡”

“鸡妈妈”要拦住“老鹰”，其他小朋友要尽量避免被“老鹰”抓到

注意力要集中，跟上“鸡妈妈”的步伐

3. 图中错误的做法

步伐应当尽量一致

“鸡妈妈”只能伸开双臂拦“老鹰”

提 示

“老鹰”与“鸡妈妈”相对而站，“小鸡”在“鸡妈妈”后面要拉住前一个人的衣服，一定要跟着“鸡妈妈”的步伐，不能掉队。“老鹰”要忽左忽右地绕过“鸡妈妈”，想办法抓住后面的“小鸡”。如果“小鸡”掉队了，很快就会成为“老鹰”的美餐。这项游戏虽然安全性较高，但有时候“小鸡”跟不上步伐时，就会摔倒。所以应选择在空旷平坦的场地进行。

8 荡秋千

建议

荡秋千是远古时代的人们为了获取高处的食物而发明的。荡秋千时，身体随着秋千前后摆动，处在前进和后退的变化之间，这样可以协调身体的平衡性，在快速变化中使腰部受到反复刺激，腹部肌肉有节奏地收缩、放松，不知不觉中就增加了腰腹部的力量，促进了身体的健康成长。

1. 坐式

坐在秋千上，双手抓紧绳子

用力蹬地向后退 2～3 步

上身向后倾，双腿伸直，向上跷起

2. 站式

先一只脚站在地上，一只脚在蹬秋千上

双膝弯曲做助力

上身向前倾，下身向后倾

3. 和家长一起玩

和家长一起玩会更安全、更快乐

4. 和小朋友一起玩

这样会荡得更高

5. 图中错误的做法

这样很危险

这样很容易使双脚碰在地上

提 示

荡秋千要讲究方法：两手紧紧地握住绳，手心相对，与胸同高。两臂自然弯曲，小朋友可以站或坐在秋千上。如果是站在秋千上，由后上方向前摆时，屈膝下蹲，摆过垂直的位置时，两腿蹬秋千并逐渐伸直，向前送髋，胸腹部挺起；由前上方向后摆时，屈膝下蹲，后摆过垂直位置时，臀部向后上方提起，逐渐蹬直双腿；双手随着前后摆荡而用力。如果是坐着荡秋千，则主要靠腰部、臀部的力量向前、向后摆荡。

9 大小青蛙跳荷叶

建 议

现代社会的家长们更关注与孩子的沟通和交流。亲子游戏就是家长和孩子交往的重要方式，良好的亲子交往有助于两代人之间的沟通，减少冲突，还可以营造快乐的气氛，减轻压力和紧张感。所以，亲子之间的交往对于各代人都是需要的。

这项“大小青蛙跳荷叶”的亲子游戏，就是以呼啦圈作为荷叶，家长和孩子扮演大小青蛙。两只青蛙相互合作，在荷叶中跳来跳去。

1. 准备工作

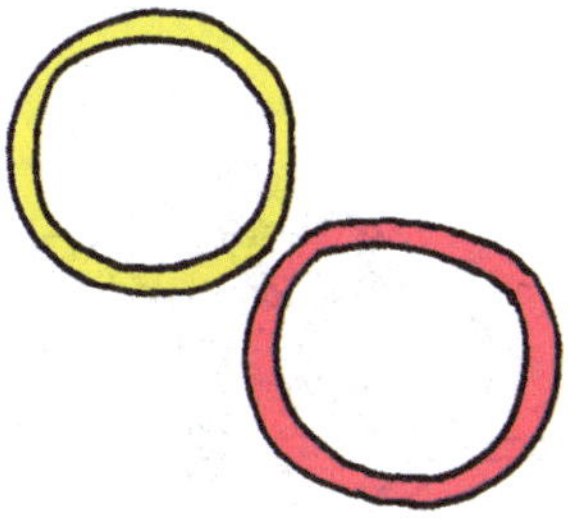

准备若干个呼拉圈，排成两排

将呼拉圈排成几排，家长与孩子分别站在呼拉圈的两端

2. 游戏过程

一个人当裁判

家长与孩子分别从两头往中间跳

家长与孩子都要努力地尽快跳到中间的那个呼拉圈里

两人都跳到中间的呼拉圈后，家长背起孩子沿家长来时的路线返回

先返回者为胜

3. 图中错误的做法

不能跳出圈外，否则犯规

抱着孩子比较浪费体能

提　示

大小青蛙跳荷叶，要求家长与孩子分别在一排呼啦圈的两端站立。游戏开始，两人同时相对向中间跳圈前进，相遇后家长背起幼儿沿家长来时路线跑回，先返回者为胜。

小朋友跳圈时，不可能像家长那样连着跳圈，所以跳进圈后，要走到圈的边沿，再向另一个圈跳，可不要跳出圈外哟。

10 协作寻宝

建议

“亲子游戏”越来越受到人们的关注，“亲子学校”、“亲子俱乐部”相继问世，各类“亲子游戏”也备受欢迎。在游戏中，家长和孩子的情感得到了满足，孩子的各种能力得到了发展。其实，“亲子游戏”都很简单，主要是家长和孩子相互配合完成。如果有机会，小朋友们拉着家长一起来玩这项“协作寻宝”游戏吧。

1. 准备工作

大积木6块、小凳15个、小筐3个、小积木若干

每次游戏可分成三组，每组由一名家长与一名幼儿组成

2. 游戏过程

找一名裁判

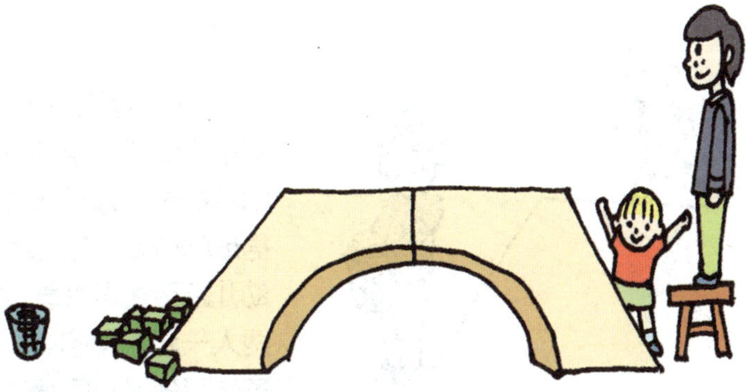

每一组都用两块大积木搭桥

以过河的方式前进
至积木搭成的桥处

家长跑过后，小朋
友也从桥上跑过

两人过完桥后，家长捡积
木，小朋友跑至终点拿筐

将积木装入筐中，两人一起
跑回起点，先到者为胜

3. 图中错误的做法

过桥时必须踩在桥上，脚不能着地

两人须同时返回

提　示

每次游戏分成 2 ~ 4 组，每组由一对亲子组成，游戏开始，小朋友用两块大积木搭桥，家长以过河的方式前进至积木搭成的桥处，两人过完桥后，家长捡积木，幼儿跑至终点拿筐，将积木全部装进筐中，两人一起跑回起点，先到者为胜。过河时家长和孩子必须踩着积木前进，双脚不能着地，每组的家长和孩子要同时返回。

11 跳短绳

建议

跳绳是老少皆宜的一项运动游戏，现在仍非常流行。它通过手腿的合作使全身都得到很好的锻炼。跳绳还可以增加心肺功能、促进耐力和跳跃能力，真是一举多得的运动啊。跳短绳有很多种方法，而且都很简单，容易掌握，所以使跳绳有了经久不衰的魅力，受到普遍欢迎。在比赛中，谁在规定时间里跳得多，谁就是优胜者，也可以比跳坏之前谁跳得多。

1. 选择合适的跳绳

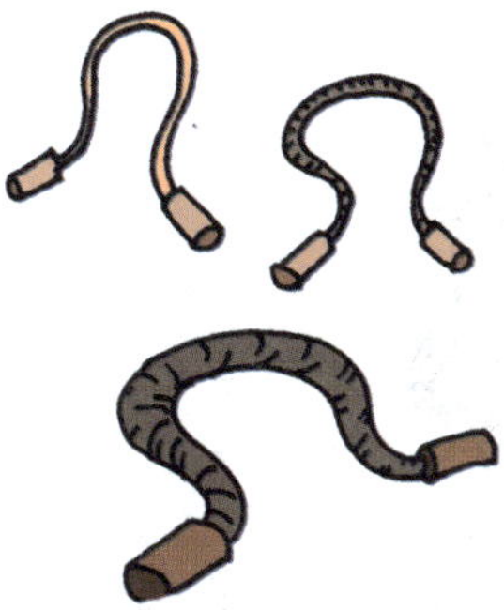

跳绳可以在商店里买到，也可以自己制作

跳绳的长度以脚踩在跳绳中间，两手将跳绳拉直到腰部和胸部之间为宜

2. 绳子的拿法

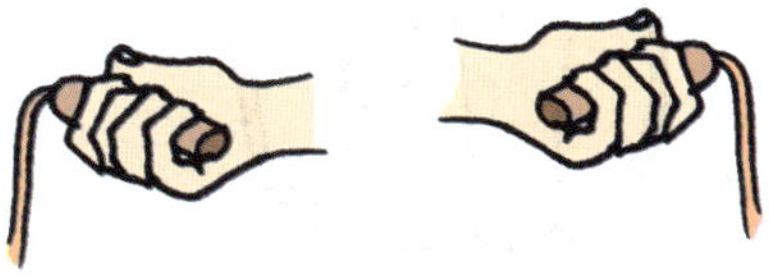

用手轻轻握住手柄，没有手柄的绳子握住绳头

3. 前摇跳

连续从后向前摇

4. 后摇跳

连续从前向后摇

5. 体前交叉摇

保持双臂交叉在胸前的姿势，连续地从后向前摇，也可以从前向后摇

6. 行进跳

一边摇，一边向前跑

7. 双人跳

要看准进入绳中的时机，当绳子刚越过双脚时果断地跑进去

8. 单脚交替跳

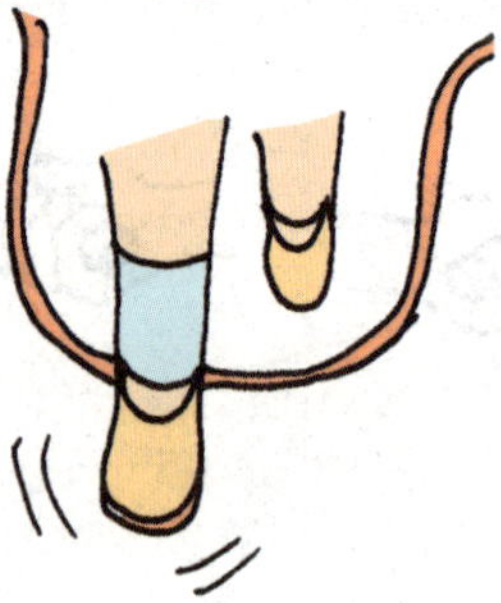

单脚交替跳可以提高摇绳的频率

9. 双摇跳

跳起一次，绳子在脚下经过两次。这种跳法要求脚跳得高，双臂摇绳快

10. 图中错误的做法

不在危险的地方跳绳

提　示

跳绳是两手拿住绳子两端，前后摇动时，脚从绳子中间部分跳过，最重要的是掌握节奏感和时间性。小朋友跳绳要选择长短合适的绳子，绳子最好用带有手柄的，使拿握比较方便。也可以用合适的绳子代替。

12 水中游戏

建 议

有些小朋友不会游泳，但是很喜欢在水里的感觉。怎么办呢？那就先带上救生圈适应在水中的感觉吧。在水中玩的游戏很多，可以比赛走路、几个人一起传皮球、水底或水面上抓物品等。这样，不但可以熟悉水性，还能促进身体健康成长呢。如果你特别喜欢在水中玩游戏，那就必须学会不带救生圈漂浮。之后再学习潜水和游泳就很容易了。

1. 水中游戏的装备

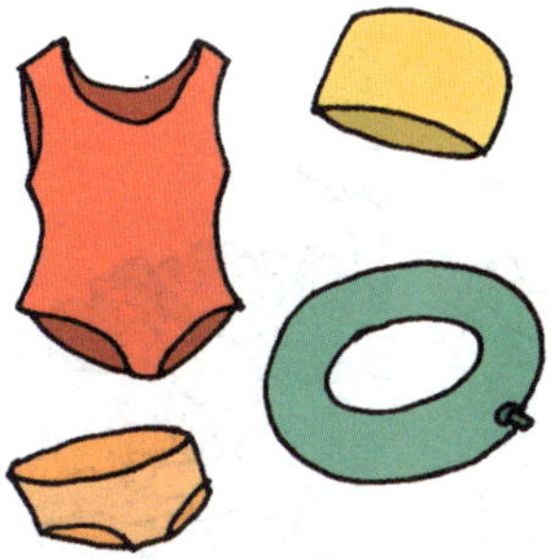

游泳衣、游泳帽、救生圈

2. 漂浮在水面上

怀抱救生圈，漂浮在水面上

躺在救生圈上漂浮

3. 水下憋气

潜在水中，比赛憋气，看谁憋得时间长

4. 水中行走

在水中行走，看谁走得快

5. 小鱼游泳

像小鱼一样游泳

6. 水中顶球

用头顶球向前走

7. 水下捡鹅卵石

在水底放些小鹅卵石，看谁捡得多

8. 图中错误的做法

不到坑塘里游泳，在游泳池里游泳的时候必须有大人陪同

不到深水区去，以免发生意外

提 示

小朋友只能在正规的游泳馆，并且在儿童区或浅水区玩。下水后，旁边要有大人照看。在水中一定要量力而行，如果感到累了，必须上岸休息。尤其在和小朋友们做潜水的游戏时，憋不住气时，千万不可逞强，必须马上站起来呼吸。

13 走姿

建议

在生活中，人们走路的样子千姿百态，有的步伐稳健、自然、大方，给人以沉着、斯文的感觉；有的步伐矫健、轻松、敏捷，使人联想到健康、活力，富有朝气；有的步伐有力，有的步伐如风一样轻盈。优美的走姿可以表现出一个人蓬勃向上的精神状态，给人留下美好的印象。我们从小就要培养正确的走路姿势。

1. 标准姿势

眼睛向前看，步伐均匀，手脚协调

2. 脚部着地的情形

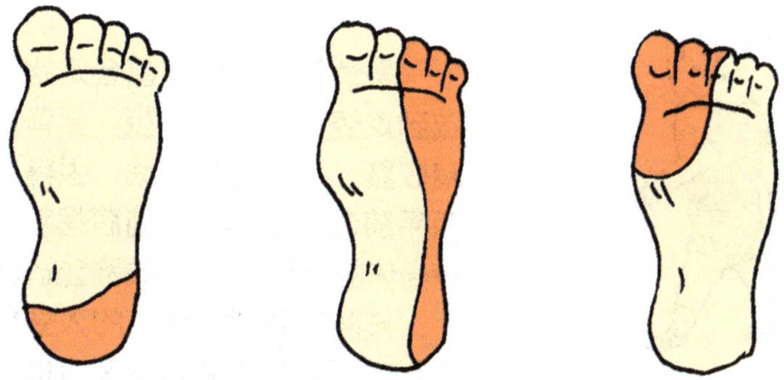

脚后跟先着地　　然后是脚掌外侧　　最后是脚掌内侧

3. 排队走路

队伍要保持整齐，步子不一致时，应及时调整

4. 图中错误的做法

应该抬头挺胸

身体不能左右摇摆

手臂和腿脚配合要协调，
不能同手同脚

提　示

虽然每位小朋友都会走路，但是真正做到走姿正确的却很少。要背部挺直，挺胸收腹，两手自然摆动，眼睛直视前方。两手随着脚步的节奏前后摆动，有助于维持身体的平衡，也不容易造成弯腰驼背。

排队走路时，队首的人要像正常走路一样，后面的人要看着前者的头，左右脚配合着前者的脚步大小前进。

14 在特殊环境下走路

建议

每个人走路，都不只是在平地上走，还会遇到上坡、下坡、雨雪地和其他特殊的环境。这时候，我们就要根据情况，采用不同的走路姿势。比如平时走路是先脚跟先着地，然后将重心移到脚尖，但在雪地和光滑的地面上行走时，每前进一步，需要将脚抬高，然后整个脚掌都落地。

1. 平时走路

慢慢走路

2. 走斜坡时

走上坡路时，前腿迈进，后腿一定要用力蹬地

走下坡路时，前脚应在坡面上用力产生摩擦，减缓速度

3. 在雪地行走

容易滑倒，应小心慢行

4. 在湿滑的路面上行走

不要着急，每一步脚都要踩稳

撑伞走路时，不要让伞影响视线

看着脚下，小心行走，避免滑倒

5. 在人群中行走

注意看人，避免撞人

6. 图中错误的做法

这样走路很危险

提　示

走上下坡路时，要注意重心的转移，上坡时身子向前，重心在前面弯曲的腿上；下坡时，身子向后，重心在后脚上，要用前脚来煞车。在雨雪地和湿滑的地面上行走时，除了小心慢行外，还不能将手放在口袋里。如果不小心滑倒了，手要及时支撑在地，使头部不至于直接撞在地面上。在人群中走路时，不要撞到前方走过来的人。

15 踢毽子

建　议

踢毽子是一项民族传统运动游戏，由于不限场地，老少皆宜，而且制作毽子的材料简单，所以爱好踢毽子的人特别多。别看毽子很小，它的锻炼价值可不小，通过跳跃、举腿和屈体等有趣多样的动作，使身体各部分都能得到很好的锻炼，有效地提高关节的柔韧性和身体的灵活性。尤其是在冬季，这项活动不仅可以加强血液循环，提高人体抗御寒冷的能力，同时还能起到促进消化、加强新陈代谢的作用。

1. 基本动作

先把毽子抛到空中，等下落到身体前，抬脚用脚内侧把毽子踢到空中，然后脚回落到地面，等毽子落下来时，再抬腿踢，如此重复

2. 基本练习

刚开始可以用细绳绑住毽子练习

3. 脚内侧踢

用脚内侧踢毽子

4. 脚外侧踢

用脚外侧踢毽子

5. 脚尖踢

用脚尖踢

6. 用膝部踢

屈膝抬大腿，用膝部向上踢

7. 脚尖停毽子

脚抬起，顺着毽子落的力量，在接触的瞬间往下撤脚，让毽子停落在脚面上

8. 两脚交叉侧踢

脚抬起，顺着毽子落的力量，在接触的瞬间往下撤脚，让毽子停落在脚面上两脚交叉侧踢

9. 对踢

腿从后面抬起，从身体一侧用脚内侧踢

两人或多人对踢

提 示

对正在成长中的小朋友来说，踢毽子对增进健康和促进生长发育的锻炼价值就更为显著了。毽子的玩法有很多，但都要眼明脚快，身体协调，才能踢得好。踢毽子只需要很小的场地，但是由于在玩的时候，小朋友的眼睛只注意毽子的起落，所以一定要把周围的小石头、玻璃等杂物清理干净。

16 打陀螺

建议

打陀螺是小朋友喜爱的一项运动。它简单易行，不需要很大或特殊的场地，在学校的操场、家里的庭院以及公园等地方，都可以大显身手。看着陀螺在自己的抽打下高度旋转，小朋友们肯定会感受到妙不可言的乐趣。

打陀螺需要一定的技巧，小朋友必须在抽打的过程中，才能悟出其中用力的大小和甩出的技巧。

1. 打陀螺需要的工具

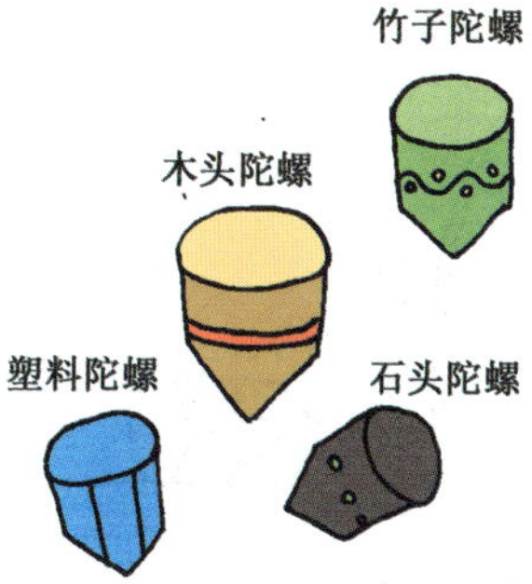

不同的材料制成不同的陀螺

一根软软的鞭子

2. 选择合适的场地

打陀螺适合在操场、庭院、公园等地方玩

3. 玩法

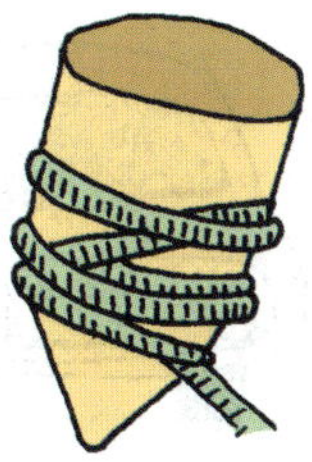

先将陀螺的中部缠几圈绳带，要注意缠紧

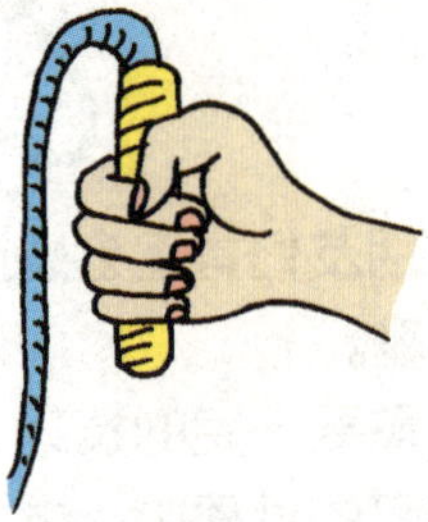

用右手拿鞭棍

手拽绳带，并拿着陀螺，用力向地面甩出，使绳带拉转陀螺

陀螺落地后，右手持鞭，沿顺时针方向随着陀螺的转动，用鞭梢抽打陀螺，使它不停地转动

4. 图中错误的做法

甩出时要做到快速有力，并迅速回拉绳带，否则，陀螺容易失去平衡歪倒在地

不在危险的地方打陀螺

提　示

如果是自制的陀螺，你还可以在陀螺的面上涂上两种不同的颜色，使陀螺在旋转时更漂亮。打陀螺时，要不断地琢磨让陀螺转动起来的技巧，比如向外甩出时要迅速有力，并迅速有力地回拉绳带。玩游戏时，要注意近距离的情况，不要用鞭子抽打到别人。另外，还要注意安全，不要在马路上玩。

17 滚铁环

建议

铁环是中国民间的一项传统体育活动，是深受小朋友们喜欢的游戏之一。它有着多种多样的玩法，不仅能提高小朋友的速度、耐力，而且也能很好地培养小朋友的意志品质，使运动者得到身心和谐的发展。随着玩具花样的增多，很多小朋友们都不会玩铁环游戏了。现在，家长可以和孩子一起滚铁环，设计一些游戏规则，亲子互动永远是最快乐的。

1. 推钩和铁环的拿法

右手持推把钩，左手拿铁环上部

2. 让铁环滚动起来

让推钩和铁环靠近身体的下半部接触，上半身稍前倾，右腿在前站立

左手稍用力向前推送铁环，然后马上松开，同时，右手持推钩用力向前推

3. 直线跑

跑动速度要适中，不要太快，也不要太慢，眼睛向前看

4. 弧线跑

在地面上画8字，大小根据自己的需要

沿着8字滚铁环

5. 往返接力跑

和小伙伴一起滚铁环接力

铁环倒了，扶起来继续滚

6. 图中错误的做法

不在危险的地方滚铁环

提　示

由于滚铁环需要较大一点的场地，所以，要选择合适的地方玩，但千万不能在马路上滚铁环。直线跑非常简单，推着铁环转弯就需要一定的技巧了。要让铁环不停地滚动，这样铁环才不会倒地。

小朋友们在玩这项游戏时，还可以开发智力，设计出更多的花样，比如铁环接力赛、追逐赛等。

18 骑自行车

建 议

儿童专用的自行车样式越来越多了，虽然《道路交通安全法》规定：未满十二周岁的儿童严禁在马路上骑自行车。小朋友们可以在家属区、公园里以车代步。

骑自行车最重要的是掌握平衡，刚开始可以在后轮两侧加两个辅助轮。但辅助轮会影响骑车的速度，转弯时也不方便。所以当小朋友逐渐习惯后，要将辅助轮取下来。

1. 初学者

加上辅助轮，保持平衡

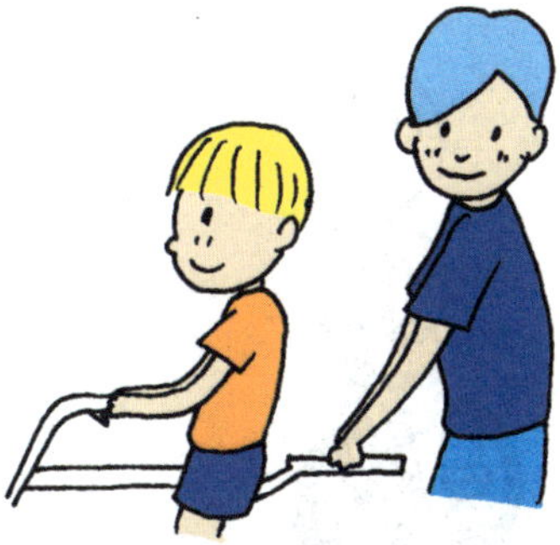

没有找到平衡感之前，
大人要在后面扶住车子

2. 骑上车的方式

从后面骑上车

从前面骑上车

自行车滑行一段距离后骑上车

3. 转弯

转动车把，身体向
转动的方向微倾斜

4. 停车

两手慢慢捏车闸，等车减速快要停下
时，右脚绕到左边着地，左脚跟着下来

车减速后，左脚着地，
同时两手用力捏着车闸

5. 选择车型

根据身高选择车型，以脚可以
踩到地面或快要踩到地面为宜

6. 图中错误的做法

车停下时，脚无法接触地面，易摔倒

提　示

选购自行车时，要选择符合自己身高的车。骑车前，要先检查车闸的灵活性和车胎是否有气。骑车时，要一直看着前方的路和人，学会灵活地拐弯，绕开人和障碍物。刹车时不要猛捏车闸，那样很容易摔倒。

为了自己的安全，不要骑着自行车上马路，儿童专用的自行车也不行。

19 从高处跳下

建议

从高处跳下是一种从危难情形中逃生的本领，掌握了动作要领并有从高处跳下的经验，可能会在将来的某个时刻大有用处。从高处跳下能够增强小朋友的自信心，使他们变得勇敢，还能让小朋友了解重力的存在。家长不要因为从高处跳下可能会摔着，就严令孩子“不准从高处跳下”，而要教导孩子跳时的方法和技巧。

1. 台阶的高度要适当

选择的高度以到胸部以下为宜

2. 跳下的地面要平坦

跳下的地面要平坦、柔软，最好铺上垫子

3. 跳下的方法

先蹲在高处，看清落脚的地方

跳下时要张开双臂，保持身体平衡

4. 落地

落地时要用脚尖着地

5. 图中错误的做法

先用脚尖落地后再全脚掌着地，同时，身体要下蹲缓冲

千万要看清地面状况，如果下面是水泥地、地面不平坦或者堆有杂物，就不要跳

不能背对地面往下跳，否则容易碰到额头或失去平衡摔倒在地

跳下时双臂一定要张开

不能抱着东西往下跳

提　示

从高处跳下时，要学会目测地面的状况，以及自己距离地面的高度，以在跳下的过程中调整自己的动作。落脚的地面有水的时候，不要跳下，避免滑倒。

从高处跳下要先蹲下，这样就降低了身体的重心，缩短了与地面的距离。跳下后由于身体悬空和重力的作用，将很难控制自己，一定要伸开双臂保持平衡，否则容易摔倒。

29 平衡木

建　议

平衡木项目是奥运会体操运动中的一种。多走平衡木可以训练自己的平衡能力。

在训练时，先走又低又宽的木条，然后走高且窄的木条。在平衡木上，上半身要保持直线状态，眼睛向前看，胳膊伸开有助于维持身体的平衡。后脚尖沿着平衡木的侧面向前走，脚跟和膝盖别用力。当基本动作熟练后，可以在平衡木上跑步、转弯、前翻滚、后翻滚等。那时，小朋友们一定会特别羡慕你。

1. 各种平衡木

这些都可以当作平衡木

2. 基本动作

双臂张开，保持平衡，眼睛向前看，不要看脚下，上半身要挺直

双脚在平衡木上的位置双脚都要斜放在平衡木上，脚尖向外撇，分别朝向左前方向和右前方向

向前走抬起一只脚时，把重心放在站立着的那只脚上，抬起的脚沿着平衡木的侧面走

3. 平衡木上的游戏

单脚站立

转身

慢跑

4. 图中错误的做法

不要在太高的地方玩平衡木游戏，危险

共同玩游戏时，要和平相处，不要打架

提 示

刚开始在平衡木上行走，可能会有恐惧心理，需要有一个逐渐适应的过程。先走低低的宽宽的平衡木，掌握基本动作后，再不断尝试新花样。但小朋友们在走平衡木时，一定要先检查旁边有没有杂物，不要在太高的平衡木上嬉戏、推挤对方。还要注意的是，需要穿一双不易脱落的鞋子。

21 溜旱冰

建 议

看着运动会上花样溜冰的选手们，你一定也很想穿上溜冰鞋自由地滑行、旋转吧。溜冰可以增加运动员的心血管功能，训练运动员的平衡能力，还能加强腿部的力量。尤其是经常晕车的小朋友，可以通过溜冰来增强平衡能力，进而改善晕车状况。现在，就让我们穿上溜冰鞋，从最基本的站起来并向前滑行的溜旱冰开始吧。

1. 溜旱冰的装备

溜旱冰前整理好装备

2. 检查滑轮转动情况

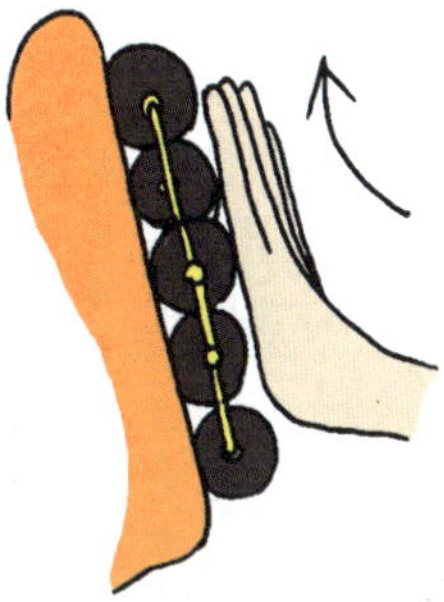

前后推鞋、左右推鞋，
检查滑轮是不是正常

3. 站起来

扶着栏杆慢慢站起来

4. 站立姿势

也可以让家长帮助

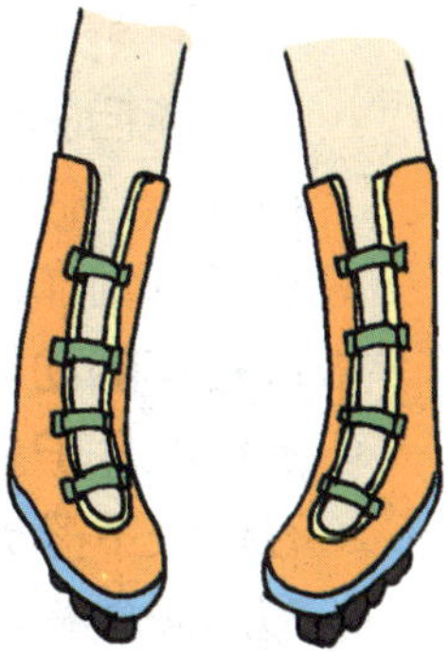

八字型站立

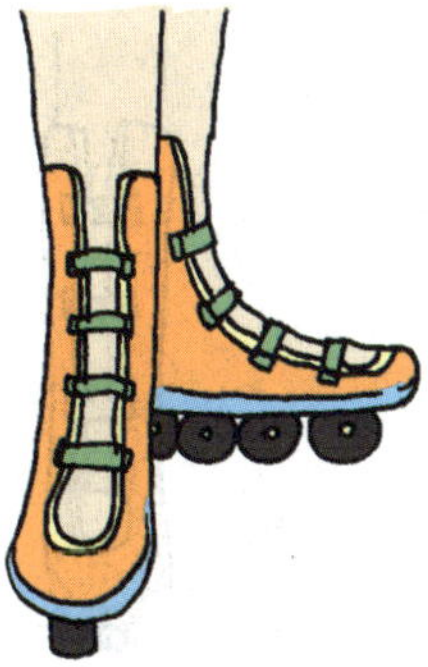

T字型站立

5. 滑行姿势

滑行的姿势

6. 停下来

用脚尖停

7. 绕过障碍滑行

需要技巧的动作，绕过障碍物

8. 图中错误的做法

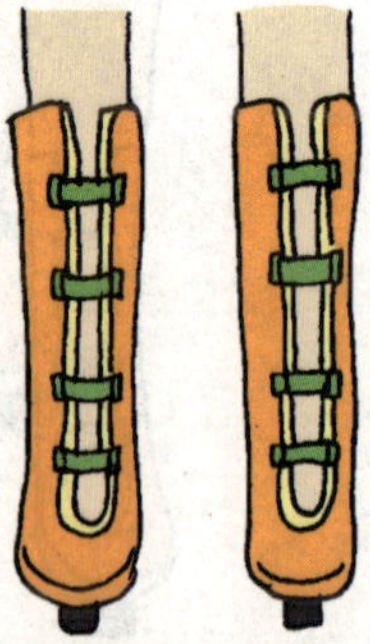

两脚平行站立很容易摔倒

提　示

能自由地操纵溜冰鞋，的确是一件很快乐、很帅气的事情。但在做这些高难度的动作之前，一定要量力而为，从最基本的动作开始。刚开始学习溜冰，要穿上保护头部、膝盖及手肘的护具，在保证不摔伤的情况下，再大胆地尝试。溜冰需要在平整、空旷的场地上进行，千万不能穿着溜冰鞋在街上走。

22 放风筝

建议

放风筝是一种历史悠久的民族传统游戏，发展到现代仍然魅力不减。每年春天，很多地方都要举行制作风筝和放飞风筝的比赛，这就是很好的证明。春暖花开的季节，小朋友和爸爸妈妈一起到郊外或公园里放松心情，呼吸新鲜空气，亲近大自然，享受天伦之乐，如果能够放飞自己制作的风筝，那肯定会给全家带来快乐。

放风筝要有一定的技巧，否则是无法把风筝送到高空的。

1. 各样的风筝

风筝的样子很多，根据自己的喜好选择喜欢的风筝

2. 自己动手做风筝

做风筝的材料

用竹篾扎成骨架，糊上画好图的纸，系上细线

3. 选择合适的时间和场地

春天或秋天有风的时候，在平坦开阔、空气清新的公园或郊外放飞风筝

4. 让风筝飞起来

一个人放飞：拿着线轮，拉着风筝迎风边跑边抖边放线

两个人放飞：一人把风筝举高，相互呼应，一人跑的同时另一人放开风筝

5. 控制风筝

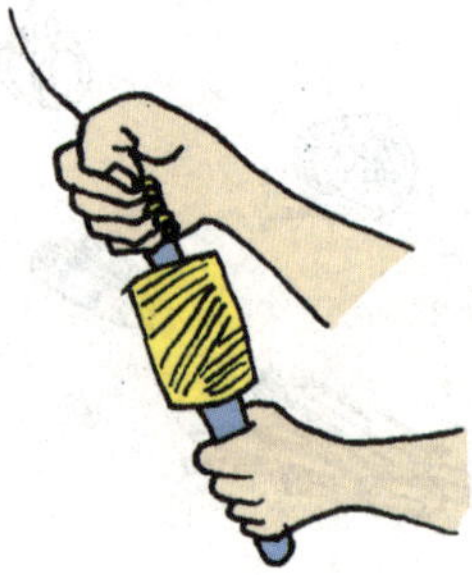

收线放线，控制风筝

看着风筝，侧着身子往前跑

也可以停下来，让风筝自由自在地飞舞

6. 图中错误的做法

不在马路上、公路边、铁道边放风筝

要远离高压线、大树和高大建筑物

提　示

让风筝起飞时要注意侧身，因为人的前面会形成风的涡旋，导致风筝无法起飞。选择晴朗的天气，尤其是风力要合适。选择合适的场地，切记不能在有车流通过的交通路线，以及附近有高大障碍物的地方放风筝，以免造成危险。

23 划　船

建　议

划船是接近大自然的运动之一，但其中的危险性也很高。小朋友不能自己划船，必须有大人陪同。划船必须学会使用船桨。在多人摇船桨时，要有一个人喊口令，大家顺着节奏摇桨。

划船时，不仅用到手腕的力量，还用到背部、脚部等处的力量。脚要用力地踩在船板上，身体向前移动船桨，船就会跟着向前移动。

1. 坐上船

船固定好后再上船

保持船体的平衡

2. 拿桨的方法

船桨向后划动

手腕用力向上划桨，使桨在水中划动

上身后仰，船桨与船身呈垂直状态

手腕要贴紧上身，
双脚用力蹬船底

3. 下船时

船停稳后，依次下船

4. 图中错误的做法

不要突然站起

不要坐在一侧，要让船两头的重量相当

提 示

划船时要穿上救生衣，在有大人监护的情况下进行。上下船时，要等船靠岸停稳。船上坐的人数不能超过标准，船两头的重量要平均。坐在船上不要突然站起，更不要趴在船沿上，俯下身体向下看。船桨不用时，要放在固定的位置，避免船桨被水冲走。

24 爬树

建议

现在很多小朋友都不会爬树。相比而言，这样的童年就少了一些乐趣，也少了锻炼胆量、训练身体平衡感和亲近大自然的好机会。多学一些本领总是有所裨益的。人生无法预知，或许小朋友在本书里学到的爬树本领，将来还会帮自己一个大忙呢。

爬树要运用正确的姿势，才能爬得更高、更快。

1. 选择合适的树

树不能太粗也不能太细，最好是你能环抱的树

选择有较粗树枝的树，爬上后可以坐在上面看风景或者休息

2. 爬树的方法

先向上伸开双臂，紧紧抱住树干

双臂用力抱住树干，抬起双腿，环绕树干，全身紧贴树干

双臂抱紧树干，双腿向上提起

双脚脚掌向内侧用力踩树干，靠脚和树干的摩擦力支撑双臂和上身向上爬

3. 从树上下来

重复前面两幅图的动作向上爬

从树上下来的动作和爬树的动作相反

4. 图中错误的做法

坐在树枝上要扶好树干或树枝，否则容易发生危险

不能从树上快速滑下来，这样很容易擦伤

提 示

小朋友初学爬树时，家长要给给予指导；学会判断树枝的承重能力，太细的树枝和枯树枝很容易折断，要避免到这样的树枝上去；从树上下来要与爬树的动作一样，千万不可一滑到底；保护公园或大自然的树木，允许攀爬的树才可以爬，不能随意折树枝。

25 推雪球

建 议

冬天特别寒冷，很多小朋友们都不愿走出教室或家门运动。但洁白的雪就像一只无形的手，把小朋友们都拉到了户外。

当一场大雪过后，小朋友们迫不及待的事情一定是跑出家门，在冰天雪地中，推雪球、堆雪人、打雪仗。推雪球比打雪仗可难多了，一不小心，好不容易滚成的雪球就散了，原来，滚的雪团太松了。人多的时候，还可以进行推雪球比赛呢。

1. 自己推雪球

先做一个小雪球

将小雪球在雪地上滚成大雪球，边滚边用手拍压

在雪地上，雪球越滚越大

2. 推雪球比赛

同时从起点出发

双手推球前进

预先设好到达的地点，谁先到地点，而且推的雪球大，谁就赢

3. 雪人的做法

将大雪球放在下面，上面放一个小雪球，在小雪球上做一些装饰，装上眼睛、鼻子、嘴巴，再戴个帽子，就成漂亮的雪人了

4. 图中错误的做法

推球时手不能离球，不然雪球就容易散

沿直线推球距离最短

提　示

如果想把雪球推大，就需要一定的技巧。首先要把雪球的心做实，在推的过程中，还要使劲，这样粘在雪团上的雪才会粘实，雪球才不容易散开。推成的雪球还可以做可爱的雪人呢，只需要把两个大小不同的雪球堆在一起，在上面的小雪球上装上眼睛、鼻子、嘴巴，就行了。玩雪很快乐，但也不要玩时间长，会把身体冻坏的。

26 背书包

建议

每隔一段时间，“减轻学生负担”的口号，就会重现“江湖”，但小朋友的书包重量始终并没有减轻。

背书包影响到的不仅仅是肩部，还会影响到头部、腰部、肘部、肩部及脚部。小朋友们的骨骼正在发育，如果背书包的姿势不正确，沉重的书包就会给身体造成伤害。所以，从开始背书包起，小朋友们就要掌握正确的背书包的方法和技巧，别让沉重的书包压坏了正在成长的身体。

1. 动作要点

书包带左右位置大致相同，使双肩平分书包重量

书包带长度要适当，书包要紧贴背部和腰部

书包上的绳带要系紧

2. 背起书包的方法

如果书包太重，把书包放在桌边，先伸进一只手臂

再伸进另一只手臂

把书包带拉到感觉舒适的位置

3. 图中错误的做法

书包太重的时候，身体要向前倾，
用腰部支撑书包的重量

双肩分担的重量不平衡，容易疲劳

这样背书包容易疲劳

书包带太细，会使肩膀疼痛

不要长期使用单肩包，
它会使肩膀倾斜

提　示

如果书包太重，小朋友可以先把书包放在桌子上，再背到肩上，这样既省力又方便。

双肩包能均衡分担书包的重量，背起来比较舒适。购买书包的时候，要选择书包带较宽的类型。小朋友身体正在生长发育，所以最好不要挎单肩的书包，也不要背带子很细的书包。

书包里尽量不要放太重的东西，以免在特殊的情况下使身体失去平衡。

27 跑步（一）

建 议

跑步很简单，感觉会走路就会跑步。但有时候，我们会听到大人们说“现在的孩子都不会跑步了”，究竟是怎么回事呢？跑步和走路有相同之处，也有不同的地方。跑步时需要两臂弯曲着交替前后摆动，脚和膝盖的用力方向和角度与走路也不同。小朋友的腰部、背部、臂部的肌肉都没有发育完全，所以跑步时要量力而行，训练时不要强迫自己。

1. 跑步前的准备

着装要简洁、舒适、宽松，最好穿运动装、运动鞋

2. 动作要点

抬头挺胸，两臂弯曲，有节奏地前后摆动，身体略向前倾

3. 手臂摆动姿势

双臂交替前后摆动，稍微碰到身体

4. 下肢的动作

膝盖略微弯曲

脚尽量抬高，向前迈

沿着直线向前跑，步伐均匀

5. 跑步时的呼吸方法

呼吸要有节奏

6. 停下来时

长跑到终点后，要走几步再停下，不能马上坐下

7. 图中错误的做法

双臂不要张得太开

提　示

跑步时要有个目标，这样会使自己的跑步有动力，跑完后也会有成就感。

跑步除了用到肌肉，还与心肺功能息息相关。所以长跑时，如果感到胸部气闷、呼吸困难或者心跳加速，就要停下来，并到医院检查。

28 跑步（二）

建议

几乎每项运动和户外游戏都会用到跑步的动作，所以要掌握在各种环境下的跑步姿势。

刚开始跑步的前两步，步子幅度要小，然后慢慢加速，步伐要均匀。在转换方向时，要注意前脚的位置及身体的重心。紧急停止时，重心向后，整个脚底都放在地面上，稳稳站住。跑步强化训练时，在一定时间内运动员不能停下来，这就需要学会快慢跑相结合。如果累了，可以把跑步的速度慢下来调整体力。这个训练可以培养运动员的耐力、加强肺活量。

1. 快跑

起步时两臂弯曲，前后摆动，后腿蹬地。前腿略微抬起，膝部弯曲

加速时，上身前倾，前腿着地，后腿抬起，手臂弯曲有节奏地前后摆动，腿伸开向前迈进

2. 慢跑

轻松快乐匀速地跑步

3. 慢上坡路

上身前倾，前腿弯曲，后腿用力

4. 从高处跑下

身体向后仰，前脚应稳稳落在地上

5. 较平缓的下坡

上身略微前倾，身体与地面呈垂直状态

6. 跑到拐角时

重心尽量放在内侧脚上，要注意拐角处的过往人群和车辆

7. 转移方向时

后腿站稳后，再向前迈步

8. 快速向前跑

上身前倾，注意重心的转移

9. 突然停止

上半身向后拉，步子逐渐变小后停下来

提　示

在转弯和有坡度的地面上跑步时，要注意重心的位置。转弯时，重心侧向身体内侧；上坡时，上身向前倾，重心落在前脚的位置；下坡时，上身要向后倾，重心落在后腿上。当从上下坡的路面，跑到平地时，一定要将原本倾斜的身体调回来，不然很容易跌倒。尤其在下坡时，如果需要迅速停下，千万不能只是前面的脚停止，这样会使你向前摔倒的。

29 翻跟头

建 议

小朋友们都很喜欢翻跟头，小时候在床上向前滚翻、向后滚翻，等长大点，一群小朋友就在空地上玩车轮翻，比赛谁翻得又标准又多。胜利的小朋友，一定会成为这群小朋友的崇拜对象。翻跟头可以增强身体的柔软度，增加对旋转的耐力，还能减少跌倒的可能性。最基本的动作是向前翻滚。将手平稳地放在地上，下巴向内收，头放在地上后，身体向前转。

1. 翻跟头前的准备

把口袋里的东西都掏出来

2. 前滚翻

双手按在地上，与肩同宽，下身半蹲

将头放在双手之间的地上，双脚用力蹬地

翻过来时，弓起腰，利于背部翻滚

双脚用力支撑，站起来

3. 后滚翻

脚尖着地，蹲在地上，双手护在耳边

身体向后倒，双脚蹬地，弓起腰利于背部翻滚

要翻过来时，双手按在地上

4. 车轮翻

双手和双脚先后用力撑地，站起来

两臂伸开，翻转方向一侧的脚抬起来助势，另一只脚蹬地助力

看清手落的地方，双手先后着地，两腿要尽力伸直，以保持身体的平衡

双手伸开，用力按在地上

脚用力撑地，站起来

提　示

翻跟头时需要注意安全。提前把口袋里的东西拿出来，长头发的女孩把头发扎好。选择好场地，旁边不能有人来回走动，而且不能有杂物。在做前翻运动时，将下巴向内缩，背部弯曲，使身体平衡。自己要量力而行，翻不过时，一定要让别人帮忙。

30 眼保健操

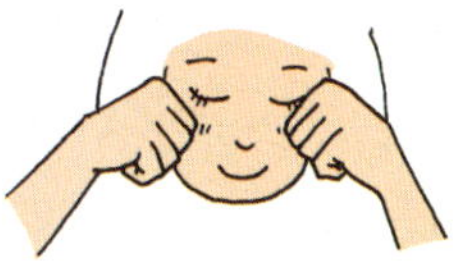

建议

当我们看电视、看书时间长时，眼睛就会感到疲劳。除了要多向远外眺望、多看绿色植物以外，还要坚持做眼保健操。

利用眼部穴位自我按摩，有助于解除眼肌疲劳，增强眼部血液循环，改善视觉疲劳，从而会收到预防近视和保护视力的效果；对已经近视的小朋友，还可以防止近视的加深，促进视力改善呢。

1. 做操前的准备

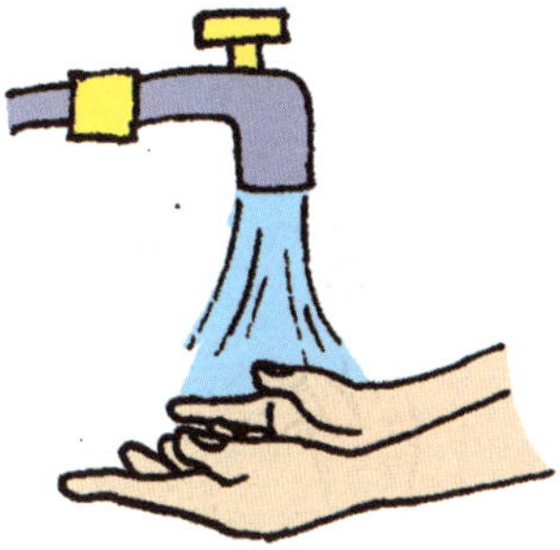

将手洗干净，指甲剪短

闭着眼睛，双手放在桌子上

2. 按揉上框角

左右大拇指指腹按在两眉下面的上眶角处，轻揉。其他四指散开弯曲如弓状，支在前额上

3. 按揉鼻根

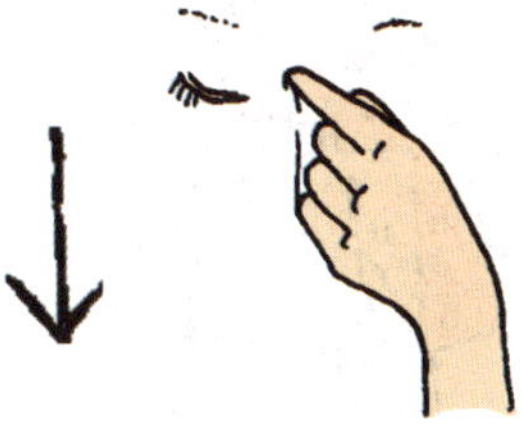

用左手或右手的大拇指和食指分开，按在鼻子根部，向下滑到鼻翼两侧

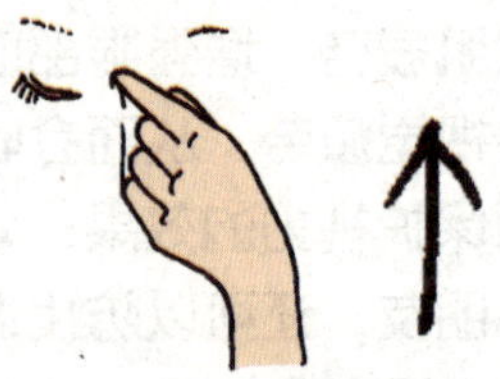

由下向上，手指用力要适度，以让鼻子有向上拉起的感觉为宜

4. 按揉面颊

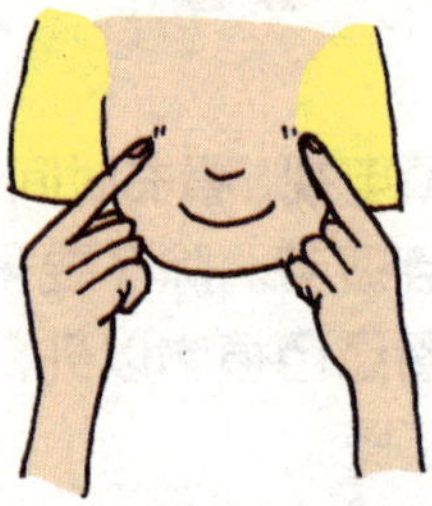

左右食指与中指并拢，放在靠近鼻翼两侧，大拇指支撑在下颌骨凹陷处，然后放下中指，在面颊中央按揉

5. 按揉眼睛四周

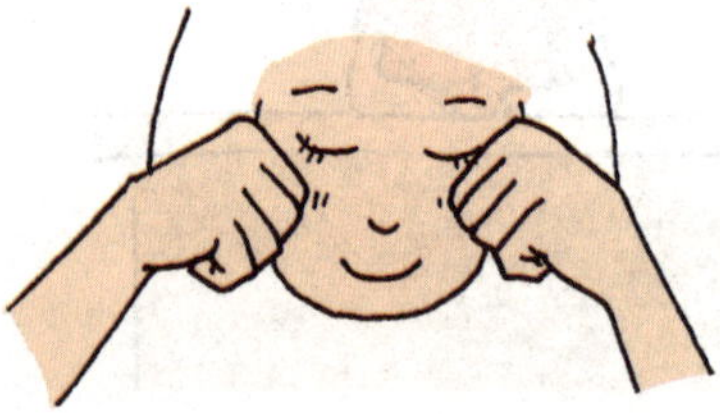

大拇指指腹按着太阳穴，左右食指弯曲，以第二指节侧面轮刮眼眶上下一圈。上侧从眉头开始到眉梢为止，下侧面从内眼角起至外眼角止，先上后下，轮刮上下一圈

6. 图中错误的做法

手法要轻缓，以免擦伤皮肤

不应该睁着眼睛，而要闭着眼睛专心做眼保健操

提　示

做眼保健操对眼睛是好事，但是如果不注意一些细节，反而会影响眼睛的健康。做操前要洗净双手，指甲要剪短。做操时要闭上眼睛，按摩的穴位要准确，手法要轻缓，不要过分用力，以免擦伤皮肤。做完操后，应向远处望，让眼球的调节完全放松。每天坚持做两次，如果脸上或眼睛有炎症时，要暂停几天。

31 跳山羊

建 议

跳山羊是小朋友们常玩的游戏，它不需要任何器材，也不需要很大的场地，简单易行，所以得到人们广泛的喜爱。

一个小朋友扮山羊，其他人从他背上跨跳过去，会体验到一种腾空跳跃的乐趣。跳的时候，脚部要用力蹬地，跳起后要注意动作的连贯。由于跳山羊是全身性的运动，所以在跳之前，最好做个热身运动。

1. 玩法

一人扮山羊

双手按住山羊背部，有力快速跳过去

2. 两个人的玩法

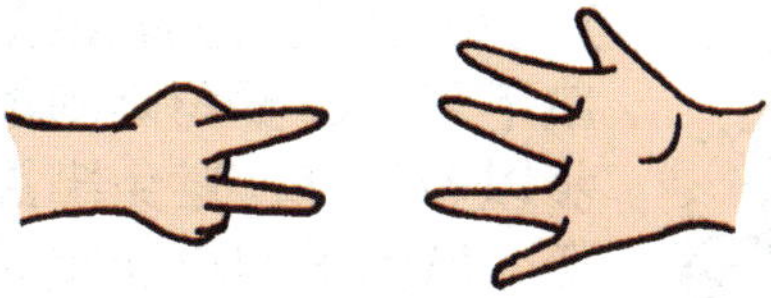

用“石头、剪子、布”来决定谁来扮山羊

山羊要一级级升高，直到对方跳不过时，再换过来玩

3. 多个人的玩法

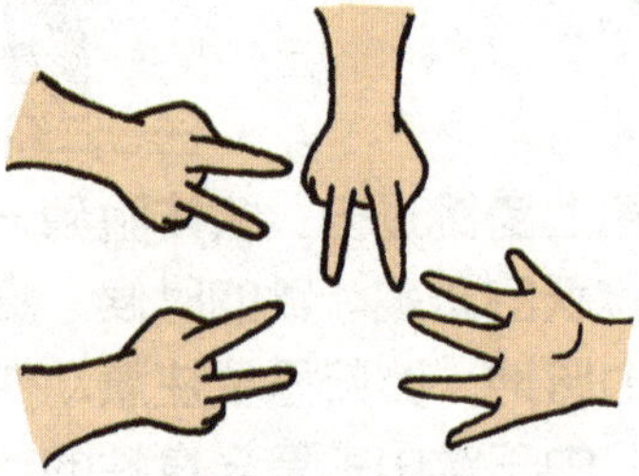

选出山羊

一人扮山羊，其他人依次从山羊上跳过

三个人扮山羊，其他人连续从山羊上跳过

4. 跳木制的山羊

木制的山羊一般比较高，下面要铺上垫子

5. 图中错误的做法

提　示

安全是跳山羊游戏最需要注意的。小朋友在玩的时候一定要量力而行，没有足够的弹跳力，不要勉强去跳。要看清双手按的地方，必须实实在在地按稳当。跳下落地时要再向前跑两步以做缓冲，避免脚踝扭伤。扮山羊的小朋友要站稳，不能抬头或突然站起来。小朋友准备跳时，要给扮山羊的小朋友有个提示，让他做好心理准备。

扮山羊的人不要抬头，否则容易被撞到

扮山羊的人不能突然站立起来，否则两人都容易摔倒

32 打乒乓球

建议

乒乓球虽然是英国人发明的运动，但却是我国的国球。乒乓球运动相对于其他球类相比，没有身体的碰撞，如果科学地锻炼，是很安全的。它不受时间和人数的限制，而且用具也很少。不过，千万别小看了这个“银球”，要想在这项活动中取胜，这里面的技术含量高着呢。我们就先从最基本的站位和发球、接球开始学习吧。

1. 站位

站位正确，有利于保持稳定的击球姿势，便于移动身体

2. 整体姿势

含胸收腹，上体略前倾，下颌微收，两眼注视乒乓球

3. 上肢

两臂都自然弯曲，放在身体前侧方

4. 下肢

两脚左右开立，约与肩同宽，身体稍向右侧，面向球台

5. 直拍握法

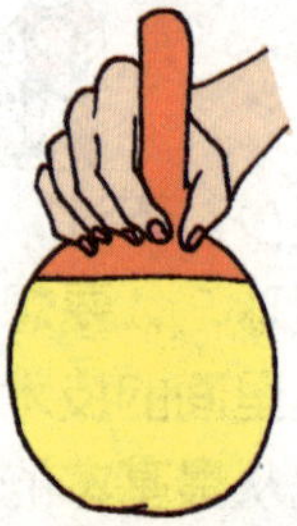

拇指、食指自然弯曲，以拇指第一关节和食指握住拍柄两肩。中指、无名指、小指自然弯曲斜行重叠，以中指第一关节偏左侧部托球拍

6. 横拍握法

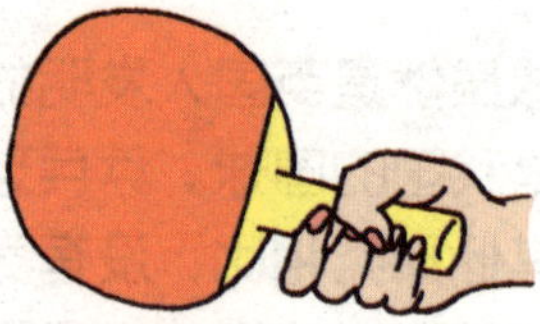

虎口压住球拍右上肩，拇指和食指自然弯曲，分别握在拍身前、后两面。中指、无名指、小指弯曲握住拍柄

7. 单步

以一脚前脚掌内侧为轴稍转动，用力蹬地，另一脚向来球方向前、后、左、右移动一步

8. 发球技术

左脚稍前，抛球的同时转体，手臂向身体右后方引拍，当球下降稍高于球网时，手臂向左前方发力，挥拍击球中上部，然后回到站立状态

9. 过球网

不要顺着球旋转的方向接球或者将球平推过去

提　示

乒乓球运动的装备很简单，只需要一个球台、一双球拍和一个小小的乒乓球就可以了。别看乒乓球又小又轻，想控制住它可不容易呢。乒乓球技术水平的提高，要经过长期的训练，开始要单项技术练习，比如发球、接球等。等基本技巧熟练以后，再进行技巧性的练习。

33 上下楼梯

建 议

现在的教学楼里，都少不了楼梯，小朋友在学校的运动自然也离不开上下楼梯。

上下楼梯的姿式和走路的姿式一样，都是左右脚交替迈进，而且速度都一样。只是上下楼梯时，需要将腿抬高。但是这么简单的运动，却还有很多小朋友做不好，让家长、老师担心。看来，这上下楼梯的姿式也需要好好学习啊！

1. 快速上下楼梯

在台阶上站稳后再上另一阶

2. 上楼梯

上半身前倾，与后腿呈一条直线

3. 下楼梯

将上半身伸直，脚部及膝部的动作要轻柔

4. 在楼梯上行走

将上半身伸直，脚部及膝部的动作要轻柔

上下楼梯时尽量抬高自己的脚

5. 图中错误的姿势

视线不要往下看

不要用脚尖上下楼梯

提　示

上楼梯时，首先将一只脚抬起，然后把脚踩在台阶上。此时上半身伸直，后脚则成一条直线状态。如果上半身向前倾斜，会比较省力。

下楼梯时，要比上楼梯困难。一只脚向下伸时，另一条腿的膝盖要用力。上半身要伸直，身体要向后倾斜，这样才不会向前摔倒。上下楼梯的每一步，都一定要踩稳。

34 拍皮球

建 议

皮球是每个小朋友成长中必不可少的玩具。那些大的小的，各种不同颜色的皮球，深受每位小朋友的喜欢。小朋友会抱球玩以后，就可以玩丢球游戏了，先学会往自己的脚下丢，然后学会拍，接下来就是学会往上抛或往远处扔进筐里。刚学习拍皮球时，要掌握住拍球的力度，不能太轻也不能太重。如果皮球在你手里乖乖地听话，那么，你还可以拍出很多花样呢，比如后退着拍、跑着拍、在腿下拍等。

1. 拍球

感觉皮球的弹跳

用力越大，皮球弹得越高

2. 转圈拍球

转着圈拍皮球

3. 腿下拍球

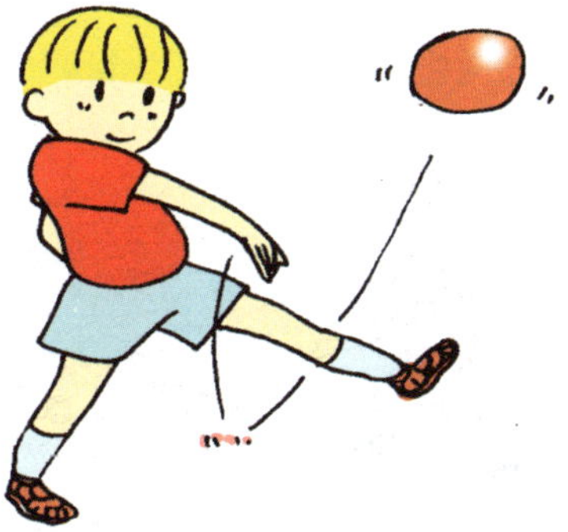

从腿下拍皮球

4. 运球跑

让皮球和自己一起跑

5. 投球

把皮球投进筐子

6. 传球

把皮球准确地传给小伙伴，用力大小要适当

7. 地面传球

借助地面的力量传球

8. 当作保龄球玩

把皮球当作保龄球玩

提　示

刚学拍球的小朋友，一般拿到球后，会犹豫着丢球时需要多大的力度，如果熟练以后，就可以随意地放在地上拍了。练习拍球时，一定不要着急，要掌握技巧耐心地多加练习。刚开始玩传球游戏时，要从短距离开始，等小朋友们熟练了以后，再进行较远距离的投球动作，这样的运动会使全身的肌肉得到锻炼。

35 单 杠

建 议

单杠的运动是从人类爬上树后，在树枝上玩耍演变而来的，现在已经是奥运会体操运动的一个项目。单杠的运动可以锻炼小朋友对倒立的感觉和反应能力。在单杠上，还可以做出向上、向下、回转、翻身等动作，可以增加小朋友的创造性和节奏感。在玩单杠游戏时，一定要正确地握紧单杠，然后运用手腕的力量将上半身举起来，借着手腕弯曲的力量将下腹移到单杠处，然后进行各种花样玩法。

1. 动作要点

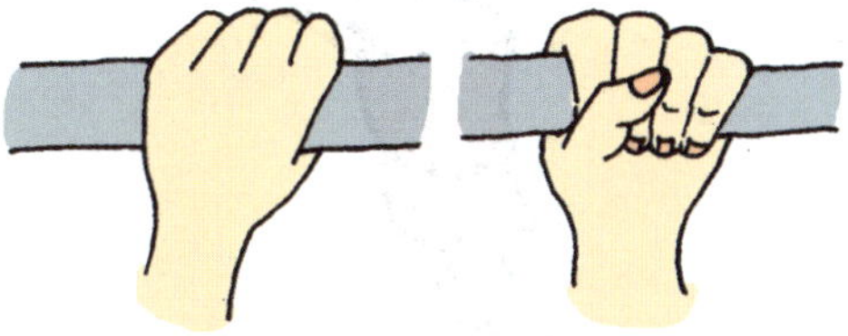

拇指和其他四指分开，握住单杠后，拇指放在食指和中指上，完成单杠上的动作，双手要始终握住单杠

2. 双手在单杠的位置

双手与肩膀同宽，双腿伸直，用手臂的力量把身体支撑起来

3. 引体向上

利用肩臂的力量，将身体往上拉

4. 猴子捞月亮

用腿弯紧紧夹住单杠，像小猴子一样倒挂

5. 不倒翁

抓紧单杠，像不倒翁一样左右晃动

6. 翻跟头

翻跟头的过程中要始终抓牢单杠

7. 图中错误的做法

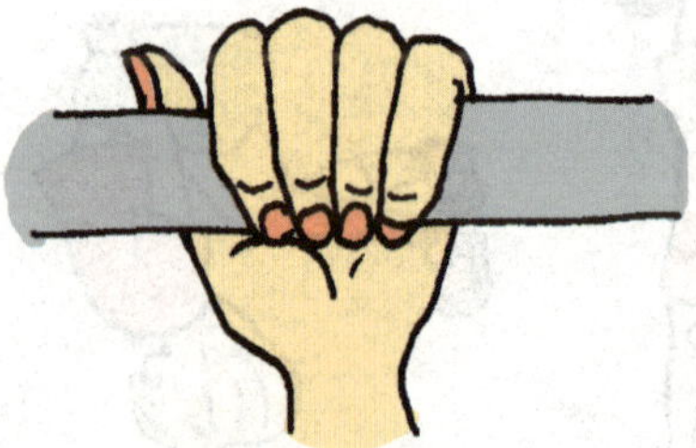

这样握单杠很容易掉下来

提 示

单杠上很容易出意外，所以一定要确保旁边有人保护才可以开始。刚开始玩时，可以玩高度到胸部的单杠，技术要循序渐进。

在玩单杠时，需要重点保护的是头部，其次是上肢，要避免头部直接着地和单臂手撑地。此外，腰、膝、脚部的保护也不可忽视。

36 排　队

建　议

排队是体操的一种，是对“身体的操练”，有助于培养小朋友的集体意识和协作意识。许多人集合的时候，比如学校集会、上体育课以及跑步的时候，就需要排队。快速整齐的排队，常通过命令来完成。在听口令的短时间里，做出不同的姿势变化，要有很好的注意力和反应能力。队伍行进可以让小朋友有步调一致的体验，并增强他们的纪律性。

1. 立正

立正时双手五指并拢伸直，中指紧贴裤缝，两脚跟并拢，两脚尖略分开

眼睛看着正前方，颈部和背部要挺直，腹部稍微收缩

2. 从立正变为稍息

右脚向右前方向滑动大约半脚掌的距离，上半身和左腿保持原来的姿势不变

3. 从稍息变为立正

右脚跟收回到左脚跟，形成立正姿势

4. 向右转

以右腿和右脚跟为轴，身体向右旋转90度，同时，左脚脚尖着地，脚跟抬起，向右旋转90度，然后抬起左脚，与右脚跟并拢，成立正姿势。向左转与向右转方法相同

5. 向后转

以右腿和右脚跟为轴，身体向右旋转180度，同时，左脚脚尖着地，脚跟抬起，向右旋转180度，然后与右脚跟并拢，成立正姿势

6. 向右看齐

听到口令，头向右转，只能看到右边同学的脸，说明站齐了。如果不齐，要适当地前后移动

7. 纵队前进

只看着前面同学的后脑勺，这样队伍不会走斜

8. 图中错误的做法

转向时不要全脚掌都着地

向后转时，只能从右侧转

提　示

立正的姿势能使人集中注意力，要求是双脚脚后跟靠拢，脚尖分开，双手要自然下垂，身体挺直。稍息时身体重心放在后面的一只脚上，上身还要保持立正时的姿势。向右看齐时只能看到右侧小朋友的脸腮，如果看到了其他小朋友，那就说明你站的靠前了；纵队前进只能看到前面一个人的后脑勺，否则就是你站出队了。这时，要及时调整归队。

37 踢足球

建 议

足球运动是世界上令人着迷的运动之一。它集跑步与腿部运动于一身，在跑步、传球、射球等的过程中，能加强运动员的呼吸功能和心肺功能，还能加快腿部的发育，增强腿部的灵活性。

经常踢足球可以提高身体各个器官的素质，但也要适可而止，不能过度地玩。那样不但影响了身体的健康，还会影响到自己的学业。

1. 踢球方式

动作协调、放松、连贯，不要用力过猛

2. 运球技术

脚背正面触球，步幅不宜过大，用脚背正面向前推拨球前进

跑动时，身体自然放松，上体稍前倾，两臂自然摆动，步幅不宜过大

膝关节弯屈，脚跟提起，脚尖下指，在迈步前伸时着地

前脚背正面向前推拨球前进

3. 拨球

脚背内侧或脚背外侧触球

4. 拉球

脚掌将球由前向后或由左(右)向右(左)拖拉球

5. 扣球

突然的转身和脚腕急转扣，以脚背内侧或脚背外侧触球，将球向侧后方停下或改变方向运行

6. 挑球

用脚背与脚尖翘起上挑的动作，或用脚背上撩的动作

7. 守门

要用一切方式挡住飞过来的足球入门，不然对方就赢了

提　示

由于足球运动是一项集体运动，所以这项运动可以增加各队员间团结互助、热爱集体的精神，还能培养队员果断勇敢、克服困难的品质。

足球运动水平被人们看成是衡量一个国家体育运动水平高低的标尺之一，因此，世界各国都十分重视开展足球运动，小朋友们也要从小就开始练习。

38 滑滑梯

建议

每个小朋友都喜欢从高处滑下来的感觉，就像从小就喜欢从妈妈的腿上滑下一样。但是如果没有掌握好平衡，就会从侧面掉下来的。玩滑滑梯最重要的就是巧妙地转移重心，使身体平衡。它不仅可以训练小朋友的平衡能力，还可以促进肌肉的发展，使身体壮壮的。

玩滑滑梯时，可以利用不同的道具，找出不同的感觉，乐趣多多哟。

1. 滑滑梯的方法

头部要略抬起

两腿伸开滑下

2. 滑滑梯的步骤

多人一起滑时，后面小朋友的腿要张开，夹住前面的人，上身挺直

滑滑梯时要有秩序

3. 滑滑梯的技巧

下滑时，要有心理准备

坐在纸箱上，向下滑时会更容易

4. 图中错误的方法

拐弯时，上半身要向内侧偏

要有秩序，不能相互推挤

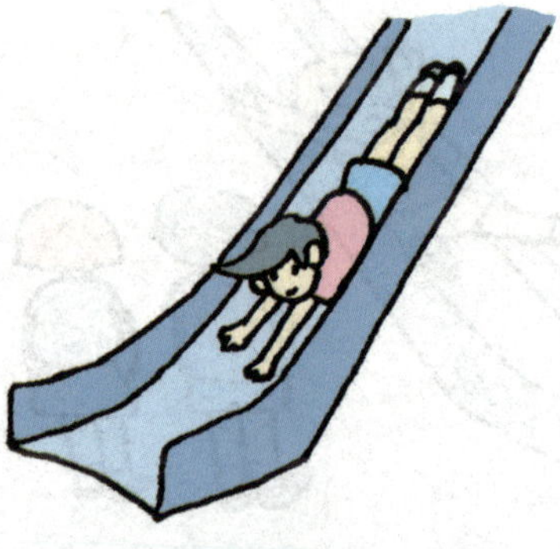

倒滑容易使头部受伤

提　示

滑行前，要确认滑行的路程中没有障碍物。坐着玩滑滑梯时，为了使身体向前滑行得快，刚开始使上身向前倾，等滑行后，一定要将身体稳住。滑坡度不大的滑梯时，可以将身体向后躺。任何时候，都要保持头部不着地。

小朋友们在一起玩时，要友好相处，不能推挤打斗。

39 站 姿

建 议

俗话说："站要有站相"、"站如松"，就是要求小朋友在站立的时候，要保持正确的站姿，表现出健康向上的精神。人体的各种姿势都是在骨骼支撑下完成的，反过来说，长期做某种姿势对骨骼也有很大的影响。小朋友的身体正在生长发育，所以，平时要注意保持正确的姿势，纠正错误的姿势，使自己的身体健康发育，茁壮成长。

1. 动作要点

站立时身体要像松树一样笔直、挺拔

站立时要抬头挺胸，目视前方，颈部和背部要挺直，腹部稍微收缩，双臂自然下垂

2. 正确的做法

双脚并拢，整队时要求这样做

稍息姿势，身体重心落在后一只脚上

跨立姿势，双脚自然分开，平均分担体重

3. 图中错误的做法

长时间的弯腰站立，会使你脊柱骨骼病变弯曲

不要一肩高一肩低

不能这样站立

不能这样站立

提　示

小朋友在训练站姿的时候，可以把自己想象成一棵松树，有笔直挺拔的树干，不怕任何风霜雪雨。无论在什么样的场合，站立时身体都要挺直，因为抬头挺胸是最基本的要求。小朋友要认真体会正确的站姿，改掉弯腰驼背、肩膀歪斜、脚部外撇和双脚内八字的坏习惯。

40 坐 姿

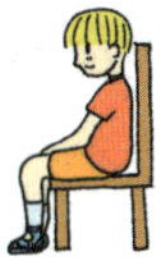

建 议

"坐要有坐相"、"坐如钟"是对小朋友坐姿的要求。无论在学校还是在家里，都很常见坐姿不正确的小朋友，这对他们的身体成长发育很不利。形成弯腰驼背或者半躺在沙发里的习惯，会使小朋友变成驼背，甚至得脊椎椎间盘突出病。另外，小朋友看书写字时趴在桌子上也很常见，而这会导致近视眼。所以，这些都需要家长及时地发现并给予纠正。

1. 动作要点

上身要保持正直，就像一口稳放在地面上的大钟

抬头挺胸，颈部和背部要挺直，背部离开椅背，双脚自然放在地板上，双手放在腿上

2. 不同的椅子

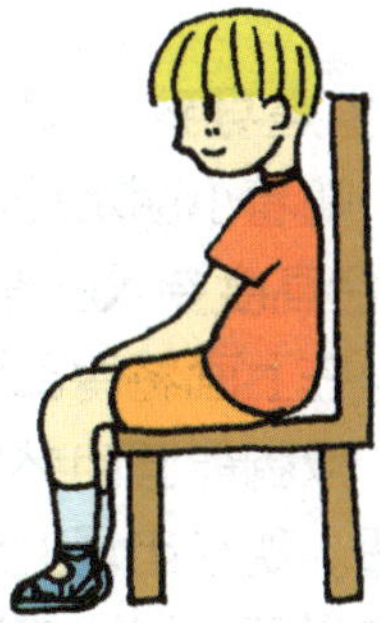

背部挺直，不倚靠椅背

如果椅子座面积小，背部可以轻轻倚靠在椅背上

坐在凳子上，上身也要挺直

3. 选择椅子

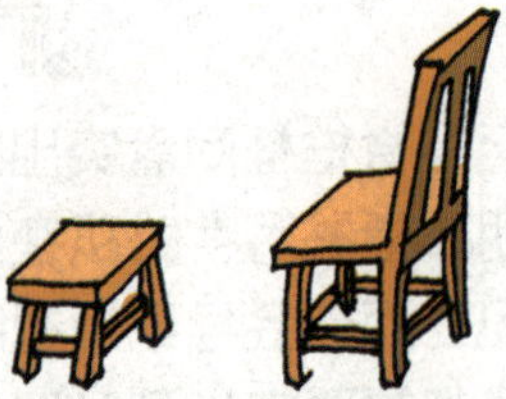

选择适合自己身高的凳子和椅子

4. 图中错误的做法

不要弯腰驼背

除了睡觉，不要半躺在沙发里

眼睛不要离桌面太近，否则容易造成近视

不要跷着二郎腿，这样会使下肢血液流通不畅

不要晃动腿脚

提 示

高度不当的桌椅也是导致小朋友坐姿不正确的一个原因。随着小朋友身高的增加，要及时更换不符合高度要求的桌椅。符合高度要求就是当坐在上面将背部和腰部轻轻倚靠在椅背上，双脚能够自然放在地面上，并感到很舒适。现在市场上出售的能够自己调整高度的学习桌是比较适合小朋友身体特点的选择。

41 提水桶

建 议

“手无缚鸡之力”是形容旧社会读书人的，他们只知道读书学习而轻视劳动锻炼，使身体变得瘦弱，没有力气。现代的小朋友要做全面发展的人，不一定要做大力士，但也不要做“手无缚鸡之力”的人。提水桶等体力劳动，可以锻炼和加强小朋友的体力。做有力量的人，不仅能够满足自己的生活需要，也可以用自己的力量帮助别人。

1. 把水桶放稳当

要把水桶放在稳平的地方

2. 把水桶从水槽里提出

一只手做支撑，用力往上提水桶

3. 从河塘里提水

先把水桶侧倒在水面上，稍微用力向下按水桶边沿，水就会灌进桶内

一只手按在地上做支撑，身体向后倾斜，防止滑入水中

4. 提水桶走路

身体向一边倾斜，保持平衡

5. 两个人一起提水桶

两人向上用力提起水桶，使水桶保持平衡，不要一边高一边低

要量力而行，一次不要提太多

6. 图中错误的做法

这样放水桶容易歪倒

双手提水桶容易摔倒

这样会很费力，水也容易洒出来

提　示

用水桶提水时要注意：装水时把水桶放稳当；从河塘里用水桶取水时，要注意身体的姿势和平衡；量力而行，一次不要提太多水；提水桶走路时，要看清楚路况，别被障碍物绊倒，并且要用单手提水桶。

42 整理书籍

建 议

现在不仅是小朋友看书学习，大人们也是“活到老学到老”，所以家里免不了有很多书。有的书是经常看的，有的书只是偶尔才看，还有些过期的杂志，更要好好归整了。

我们自己看完课外读物，要将它们都收拾整齐，放在书柜中。有时候爸爸妈妈看完的书，会堆在书桌上，没时间整理，也需要我们收拾。你知道怎么整理吗？

1. 整理步骤

看过的书应该整理好存放起来

将书面上的污渍擦干净，但不要将书页都弄湿

折角的页面应及时查找出来

保持书籍的平整

将几本书叠在一起，下面压在桌子上，用手从侧面将书整理齐整

把图书和杂志分类摆好

2. 书桌上常看的书

如果书的大小都不一样，就把最大的放在下面，小的往上放

如果不是自己的书，不要随便把书签抽出来

3. 书籍的位置

把整理好的书放进书柜

4. 图中错误的做法

应该加以整理、分类

提 示

要珍惜书籍，不在书上乱画，不撕书页，弄湿或弄脏后要及时想办法补救。在整理图书时，把大书和小书分开放，使书柜里的书更加整齐。书柜要放在阴凉通风的地方。如果书桌上放的书少，要把大书放在下面，小书放在上面，形成金字塔式。

43 清洗浴室

建 议

有些小朋友很喜欢洗澡，因为在浴室里可以随心所欲地玩水里的玩具，还可以吹香皂或浴液的泡泡，而且洗完澡全身光光滑滑的，像小鱼一样。但是，当你洗完澡以后，会不会自己清洗浴室呢？也许以前都是妈妈来清洗的，但现在我们长大了，可以和妈妈一起来清洗了，等自己学会以后，还要自己来清洗呢。

1. 需要的工具

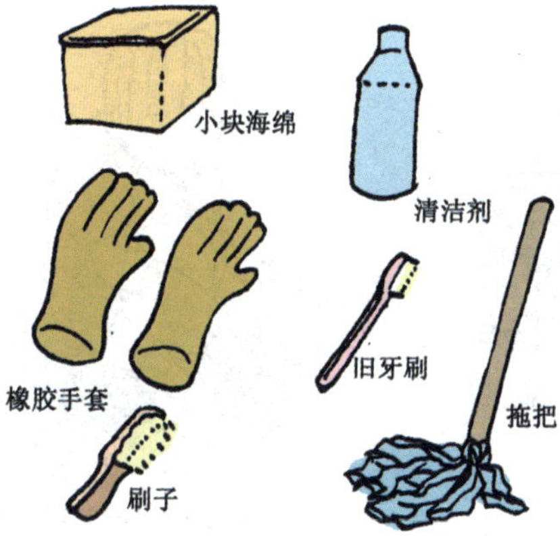

浴池里不要有水，往里面倒适量的清洁剂，并用海绵把清洁剂涂抹在浴池的每一处

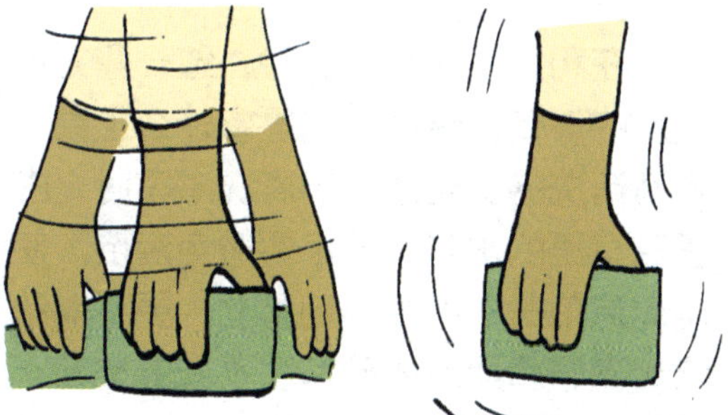

清洗时可以左右横向擦拭，也可以画圆擦拭

有够不着的地方，可以进入到浴池里面

擦好后用莲蓬头或水管冲掉泡沫

2. 清洗莲蓬头

用刷子轻轻刷掉出水孔里的脏物

3. 清洗瓷砖

把适量的清洁剂倒在海绵上

用海绵擦拭瓷砖

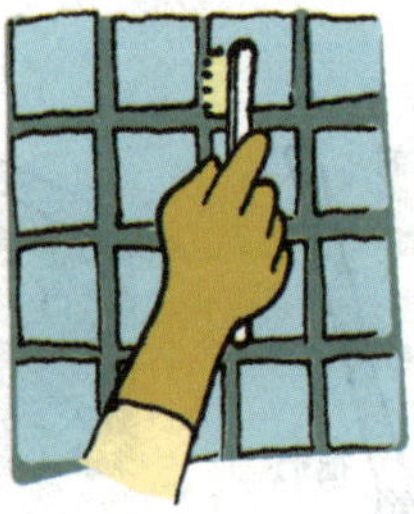

瓷砖缝隙的脏处用旧牙刷清洗

4. 清洗排水孔

把排水孔里的垃圾清理出来，然后用刷子清洗

5. 清洗地板

最后用拖把拖净地板

提　示

在和大人一起清洗时，做一些力所能及的事情。留意他们是拿什么工具，如何清洗的。当你独自清洗浴室时，由于浴室里的水多，一定要避免滑倒。使用清洁剂时，不要弄到脸上，更不能让它溅到眼睛里。如果有够不着的地方，要叫大人帮忙，千万不要为了表现，冒险地去擦洗。

44 整理被褥

建 议

被褥是我们生活中每天都会接触到的东西。每天最幸福的时候，可能就是吃饱以后，睡在棉花堆一样的褥子上，盖着带有阳光味道的被子吧。

起床后，我们可不能等着妈妈来收拾房间，而是要学会自己叠被子、铺床、晒被褥。这可是起床后的第一项运动啊。

1. 叠被褥的方法

将被褥沿虚线分成三份，
沿两条折线依次将被褥折起

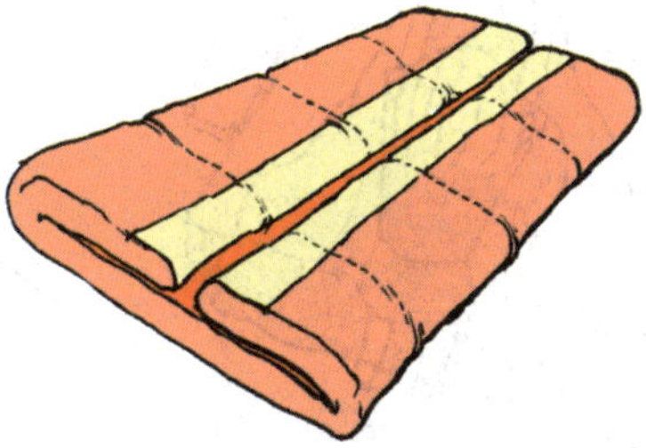

再将被褥沿虚线四等分，
沿两条折线依次将被子折起

2. 抱被褥

把被褥对折起来

双手托住被褥底部，用胸部和腹部支撑

3. 晒被褥

沿被褥的中线搭在绳上，然后把被子沿折线拉开
晒被子的最佳时间是早上十点到下午两点

轻轻拍掉被褥上的灰尘

4. 铺被褥

应先铺靠里面的一边

被褥铺完后，把床上不平整的地方再整理一下

5. 铺床单

将床单铺在褥子上后，将四周宽出的部分向内折，压在褥子下面，如果宽出的不多，就让床单垂下来

提　示

棉被如果不叠容易变形，灰尘还多。所以如果被子不用时，要叠好放到柜子里。叠棉被时，要将被子叠得每层都整齐。拿起被褥时，腰部要用力，张开双脚站在地上。铺棉被时，要灵巧地运用手指的力量。晒被子是比较复杂的运动，首先把要晒的被褥叠一下，然后搬到晾衣架处，在往衣架上搭的时候，要正确地运用脚、腰、胳膊、手腕和头等全身力量。

45 搬运重物

建议

生活中我们需要搬运各种各样的重物。家长不要把所有的搬运工作都揽下来，而不舍得让孩子出力。尝试搬运重物可以锻炼小朋友的体力和耐力，是他们以后生活中必不可少的能力。要教导小朋友，在搬运的时候注意正确的姿势、步骤和用力方法。否则，可能使肌肉受伤。

1. 生活中不同的重物

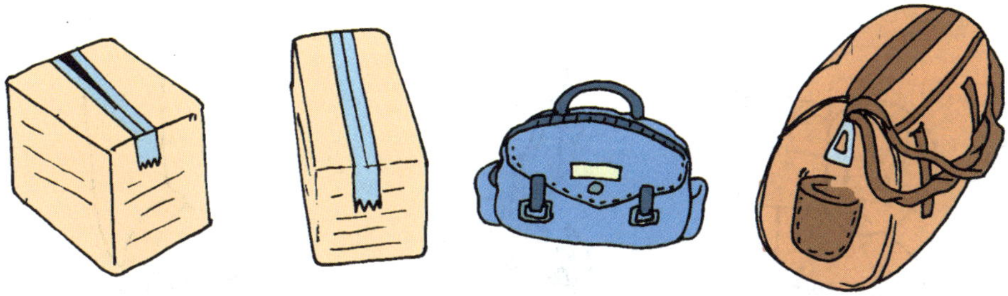

我们身边有各种各样的重物

2. 搬运没有提手的重物

先单膝跪在重物前，两手从两边伸进箱子底部，可以用身体或膝盖将重物稍微倾斜，方便将手伸入

用双手和胸部固定住重物，慢慢直起双腿

慢慢直起上身

3. 搬运有提手的重物

弯腰曲膝，抓住提包带

慢慢直起身体

4. 搬运重物

用手、双臂和胸部固定住重物

用肩膀和双手固定住重物

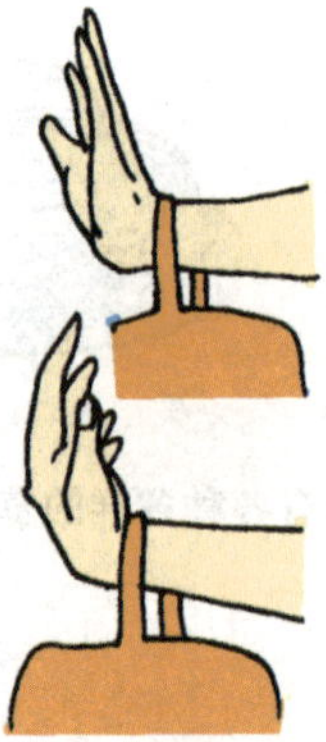

用肘的力量搬运

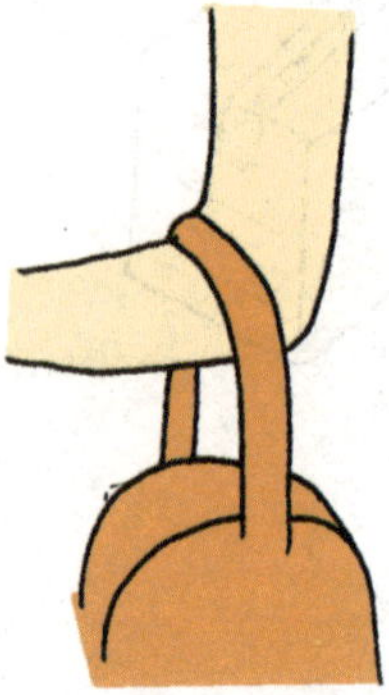

用肩膀的力量搬运

5. 图中错误的做法

不用胸部固定，
重物容易歪倒

这样搬运，重物容易滑落

提　示

搬运要量力而为，不要逞强搬运超出自己能力的重物，因为这样可能损伤肌肉和内脏器官。搬起重物后，将重物靠放在胸前，不能让物体挡住视线，保证能看清前面的路况。搬运重物行走时，腿必须伸直才能用上力气。

46 扫除

建议

在家里大扫除可是一项艰巨的运动任务啊，但是这项运动可以让家庭更加温馨，还可以让家庭中的每个人都因你而快乐呢。或许你会说“我很想干，可不知道如何下手啊”。没关系，先来学习学习吧！

先把物品整理好，再拿着扫帚沿着地面的纹路，将灰尘集中在一起，撮到垃圾斗里。然后根据情况，用拖把把地拖干净。等地面晾干之后，用抹布将桌子上和饰物都擦拭干净。

1. 扫除前的准备工作

扫除需要的物品

扫除之前把物品整理好

2. 打扫地面

仔细打扫干净

3. 擦桌子和物品

将灰尘和垃圾扫到垃圾斗里，集中处理

将抹布叠成巴掌大小，仔细擦掉桌子和物品上的灰尘

将脏的部分折叠到里面

把擦脏的抹布洗干净，继续擦

易碎物品要小心擦拭

4. 拖地

倒着走，把地板拖干净

也可以用抹布仔细把地板擦干净

5. 图中错误的做法

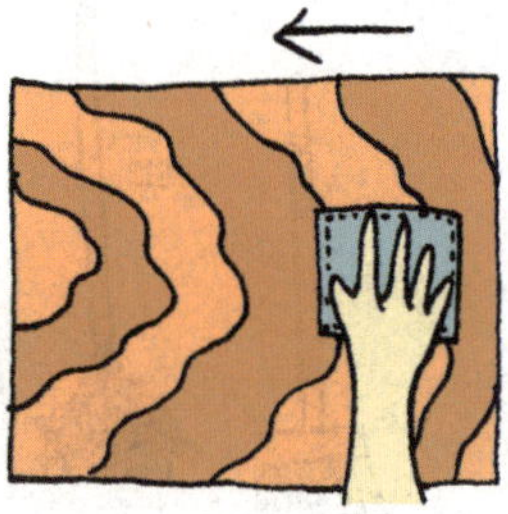

要顺着木板的纹路擦

拖地时要倒着走，这样就不会把刚拖过的地板踩脏

提示

使用扫帚时，两手轻放在握柄处，与地面呈垂直状态，两边用力要均匀，使扫帚发挥最大的作用。扫除时，不要忘记地面的细缝处。抹布清洗完拧干，折成与手掌张开一样的大小，如果折得大，手掌无法碰触的地方，就不能擦干净了。除了将桌子擦干净外，还要将桌子上的东西都拿起来擦拭。

47 取物品

建 议

很小的时候，我们会无意识地抓取物品。现在，我们长大了，则是根据自己的需要拿物品。怎样才能安全正确地拿到物品呢？快来学一学取物品的方法吧。

其实取物品没有固定的形式，没有要求在什么场合下必须用什么方式，这就需要根据不同的场合，依照当时的情形做出判断。

1. 取物品的方式

拿取较轻的东西时，用单手

拿取易碎或较重的物品时，要用双手

2. 拿低处的物品

跪在高处，弯下腰伸手取物品

身处比较高的位置时，跪趴在高处，腹部向下，一只手撑在身体旁边，另一只手伸下拿取物品

3. 拿高处的物品

踩在高低适合的椅子上

踮起脚，背部伸直，一只手取物品

4. 拿深处的物品

将前面的东西都移开，拿出需要的物品后，把其他东西还放回原位

5. 从堆积的物品中拿东西

将上面的物品一一移开，取出想要的物品

6. 图中错误的做法

从堆积如山的物品中取东西时，一定要把其他的东西放好

提 示

物品的形状、性质不同，拿法也不相同。比如拿玻璃杯时，一定是小心翼翼的，而取衣服时，可以随意地拿住就行。在高处取低处的东西时，趴着比跪着弯腰要安全，但还要用一只手来支撑身体平衡，不然就会栽下去。拿高处的东西时，不一定必须用椅子，还可以利用其他东西，但必须是能承重的。在杂物中取出需要的东西后，要将其他物品归到原处。

48 捶背

建议

经常伏案工作或学习的人，都容易肩膀僵硬。这时，可以借助捶背或按摩给肌肉减压。小朋友如果给父母或老人捶背，不但可以使他们开心，增进亲情，而且可以训练小朋友的手指灵巧性和手腕的用力技巧。捶背时，要站在比对方高的位置，以手指、手掌或拳头的方式，利用手腕的力量来敲打、揉捏僵硬的肌肉。

1. 手的形状

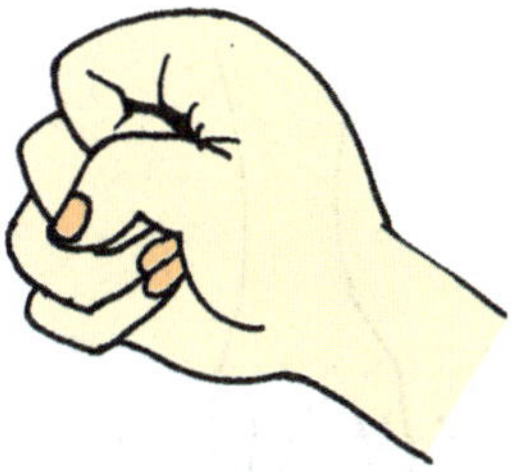

两手轻轻握着

2. 捶背时的姿势

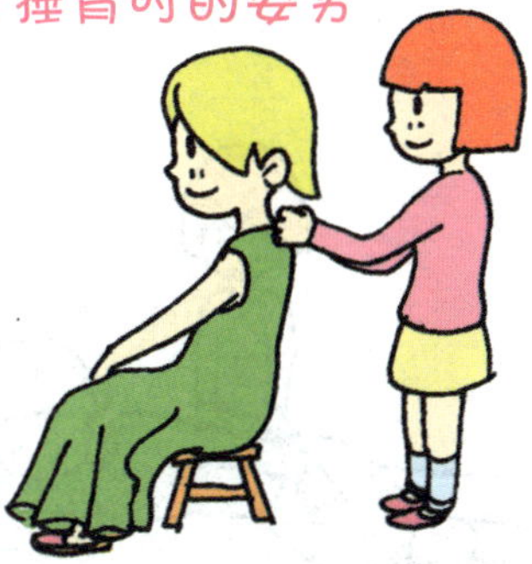

应该站的比对方高一些

3. 捶背的方式

两手轮流捶打

自己给自己捶背

4. 身体容易僵硬的地方

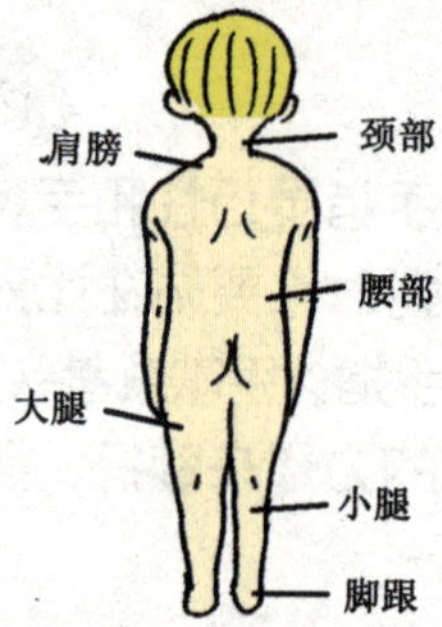

这些部位容易僵硬

5. 捶背的力度

力气的大小要依对方而定，只要对方感觉舒服就好

6. 搓揉的方法

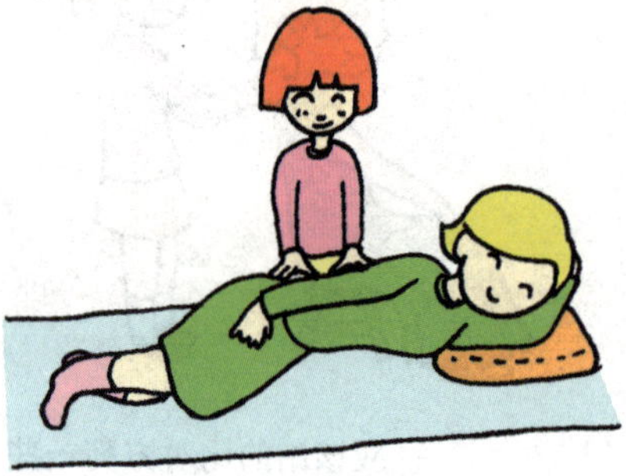

搓揉时也要比对方高一些

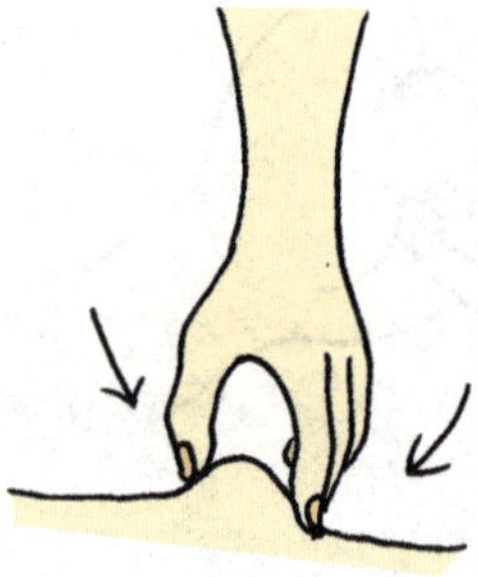

将身体僵硬处的肌肉捏起来后，
用力搓揉，让僵硬的部分变柔软

7. 图中错误的做法

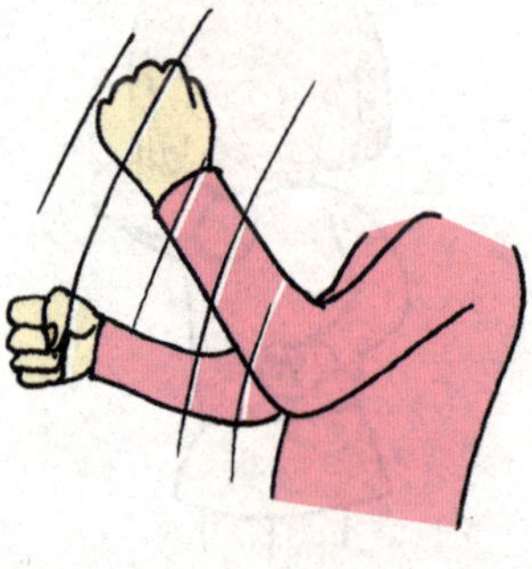

双臂捶打的频率太高反而不能持久

提　示

捶背之前，要了解被捶背人哪里不舒服，先用热毛巾把那里敷一会儿再按摩效果会更好。捶的时候，要使对方全身放松，这样按摩才能起到作用。要边按摩边询问对方，看哪种方式哪种力度更舒服。给病人捶背时，可以一边按摩，一边唱歌或聊天，使对方心情愉快，这样能达到事半功倍的效果。

49 洗 澡

建 议

洗澡是为了保持身体的洁净，就像洗手、洗脸一样重要。如果长时间不洗澡，就会生病。洗澡作为一种运动，是要自己全身活动起来，将身上的灰洗干净。但是有很多小朋友都不会自己洗澡，一直都是大人来为他们洗的。自己的事情要自己做，现在我们就来学学怎么洗澡吧。

1. 洗澡需要的物品

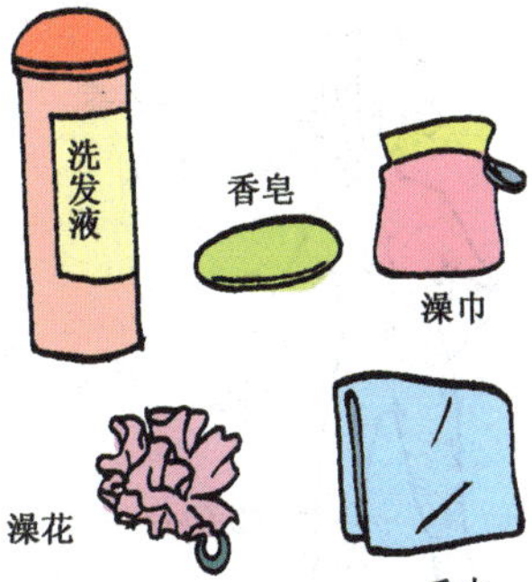

2. 自己洗澡

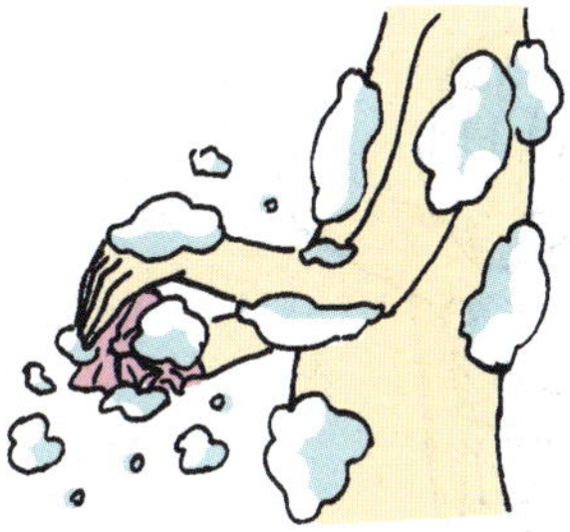

往澡花上打香皂，把身体每处都抹遍

3. 请人帮忙搓背

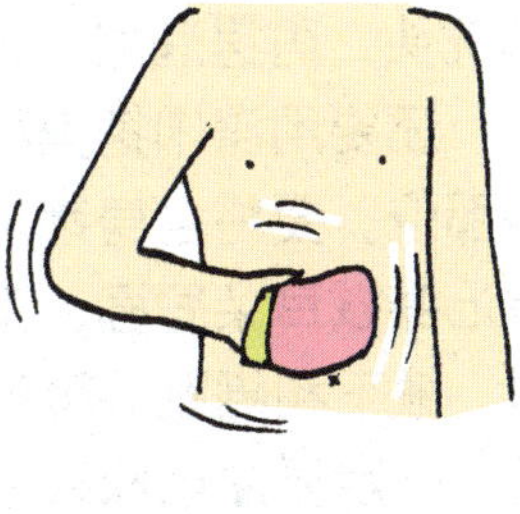

可以使用澡巾轻轻地上下搓洗，也可以画圆圈的方式搓洗

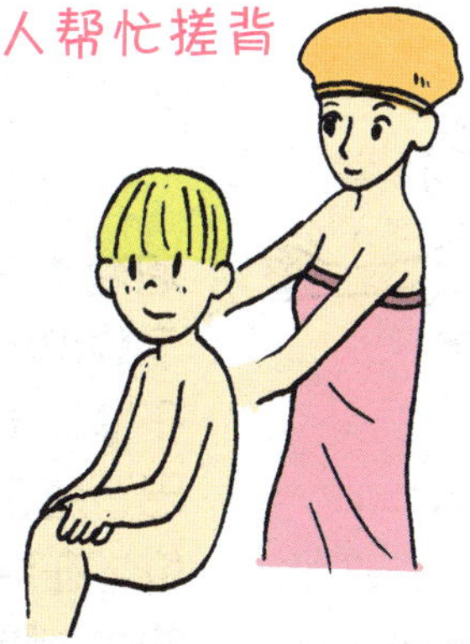

背上自己够不到的地方，请爸爸、妈妈或小伙伴帮忙，从上到下搓洗

4. 一人洗澡时

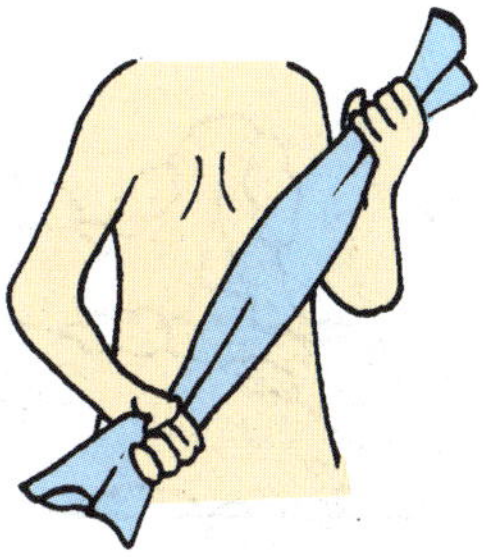

把毛巾叠成长条的形状，在背上搓洗

5. 洗头发

把适量的洗发液涂抹在头发上，用十个手指头肚按摩头皮

洗完后用清水冲洗干净

用干毛巾擦干头发上的水分

用干毛巾擦干身上的水分

6. 图中错误的做法

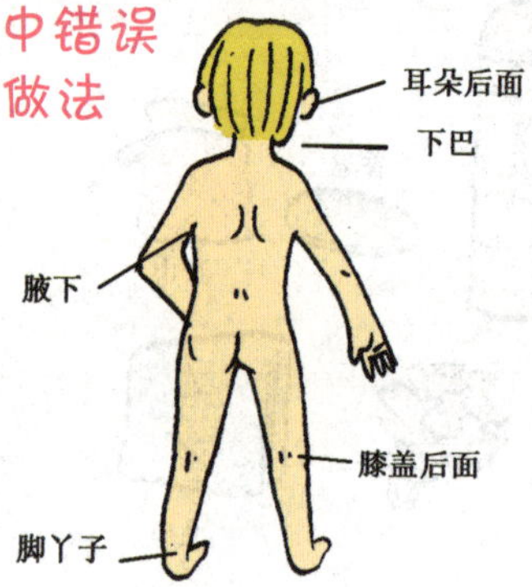

忘记洗这些地方

小心被脚下的泡沫滑倒

提　示

洗澡时先洗头，再搓泡泡，将泡泡冲干净后，还要用澡巾搓揉除了脸部的其他部位。要将全身都洗干净，不要忘记擦拭耳朵后面、下巴、脖子后面、腋下和脚趾头等部位。在浴室里，一定要注意地板上的水，防止滑倒。洗完后，马上用浴巾把全身擦干，不然很容易感冒。

参考文献

[1] 武瑛娟 . 孩子最应知道的 80 个礼仪常识 [M]. 北京：中国城市出版社，2007.

[2] 禹田 . 不可不玩的 365 个亲子游戏 [M]. 北京：同心出版社，2006.

[3] 周裕新 . 儿童礼仪教养手册 [M]. 上海：上海科学技术出版社，2006.

[4] 孙云晓 . 告诉孩子自救自护 119 招 [M]. 武汉：长江文艺出版社，2005.

[5] 边涛 , 吴玉红 . 自我保护 [M]. 北京：中国物资出版社，2005.

[6] 肯尼迪 . 礼貌 [M]. 杭州：浙江科学技术出版社，2005.

[7] 杨冰 , 王秋虎 . 成就一生好习惯 [M]. 天津：天津社会科学院出版社，2005.

9
8
7